GUIDE CIVIL

ET

JUDICIAIRE

A L'USAGE DES

HABITANTS DES VILLES ET DES CAMPAGNES

PAR

M. H. GAUTIER,

Ancien principal clerc de Notaire.

PRIX : 1 FR. 25.

CAEN

IMPRIMERIE ET LIBRAIRIE DE E. POISSON

Rue Froide, 18.

1854

GUIDE CIVIL

ET

JUDICIAIRE

A L'USAGE DES

HABITANTS DES VILLES ET DES CAMPAGNES

PAR

M. H. GAUTIER

Ancien principal Clerc de Notaire.

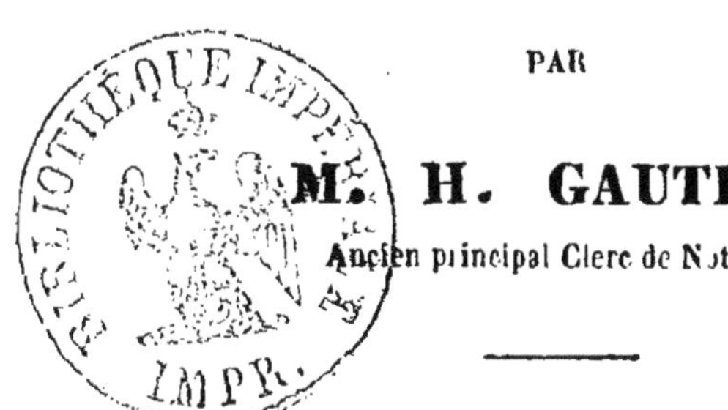

PRIX : 1 FR. 25.

CAEN

IMPRIMERIE ET LIBRAIRIE DE E. POISSON

Rue Froide, 18.

1854

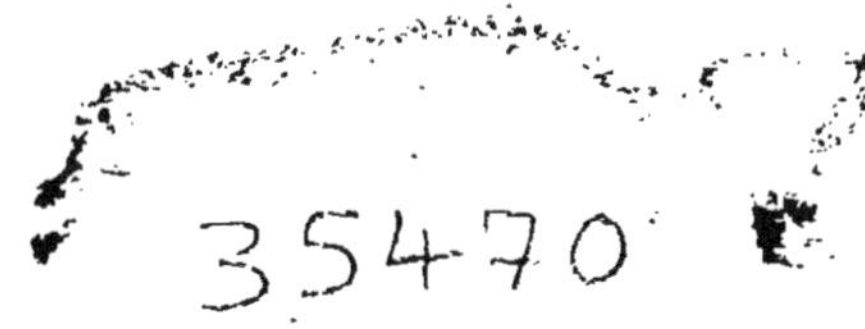

INTRODUCTION.

En France, quatre classes principales d'hommes composent la société, ainsi que dans tous les États civilisés ; ce sont les *propriétaires*, les *cultivateurs*, les *commerçants* et les *ouvriers*.

Il est pour chacun d'eux un besoin journalier de régler les intérêts de leurs propriétés, de leurs fermages, de leur commerce et de leur industrie par des actes qui règlent leurs droits et leurs devoirs respectifs.

Ce que nous nous sommes proposé en faisant publier cet ouvrage, c'est tout simplement de faire connaître aux personnes qui veulent bien le lire, la marche qu'elles ont à suivre pour diriger elles-mêmes leurs affaires, sans le concours de qui que ce soit.

Nous commençons par un extrait de la loi de ventôse an XI, sur le notariat ; vient ensuite un tableau qui indique les honoraires et les droits d'enregistrement qu'emporte chaque acte ; si bien qu'à part les formalités hypothécaires, si toutefois on juge convenable de les faire remplir, un client sait d'avance ce qui lui en coûtera indépendamment du prix principal de son acquisition, si toutefois c'est une acquisition, avant même d'entrer dans l'étude du notaire pour procéder à la passation de l'acte. Il en est de même pour tous les autres actes auxquels on veut faire donner la forme authentique.

Nous avons cru devoir ajouter, à la suite du tableau dont nous venons de parler, la loi concernant les huissiers, ce qui leur est dû pour leurs honoraires, copies, transports et droits d'enregistrement des actes qu'ils sont requis de faire; viennent ensuite la loi sur les justices de paix: diverses formules d'actes sous signatures privées; les délais et formalités à remplir pour passer une déclaration de succession, les droits qu'il y a à payer, soit en ligne latérale, soit en ligne collatérale; les délais que l'on a pour faire enregistrer les actes, soit authentiques, soit sous signatures privées, à peine d'être passible du double droit; des devoirs des maires et des conseillers municipaux; la loi sur les vices rédhibitoires, etc., etc.

GUIDE
CIVIL ET JUDICIAIRE.

NOTARIAT.

LOI
CONTENANT ORGANISATION DU NOTARIAT.

(25 Ventôse an XI).

Des Notaires et des Actes notariés.

SECTION Ire.

Des Fonctions, Ressort et Devoirs des Notaires.

ART. 1er. — Les Notaires sont les fonctionnaires publics établis pour recevoir tous les actes et contrats auxquels les parties doivent ou veulent faire donner le caractère d'*authenticité* attaché aux actes de l'autorité publique, et pour en assurer la *date*, en *conserver* le *dépôt*, en délivrer des *grosses* et *expéditions*.

Art. 2. — Ils sont institués à vie.

Art. 3. — Ils sont tenus de prêter leur ministère lorsqu'ils en sont requis.

Art. 4. — Chaque Notaire devra résider dans le lieu qui lui sera fixé par le Gouvernement. En cas de contravention, le Notaire sera considéré comme démissionnaire ; en conséquence, le grand Juge, Ministre de la Justice, après avoir pris l'avis du Tribunal, pourra proposer au Gouvernement le remplacement.

Art. 5. — Les Notaires exercent leurs fonctions, savoir :

Ceux des villes où est établi le Tribunal d'appel, dans l'étendue du ressort de ce Tribunal ;

Ceux des villes où il n'y a qu'un Tribunal de première instance, dans l'étendue du ressort de ce tribunal ;

Ceux des autres communes, dans l'étendue du ressort du Tribunal de paix.

Art. 6. — Il est défendu à tout Notaire d'instrumenter hors de son ressort, *à peine d'être suspendu de ses fonctions pendant trois mois,* d'être *destitué* en cas de récidive, et de tous dommages-intérêts.

Art. 7. — Les fonctions de Notaires sont *incompatibles* avec celles de *Juges, Commis-*

saires de Gouvernement près les Tribunaux, leurs *Substituts*, *Greffiers*, *Avoués*, *Huissiers*, *Préposés* à la recette des contributions directes et indirectes, *Juges*, *Greffiers* et *Huissiers* des justices de paix, *Commissaires* de police et *Commissaires* aux ventes.

SECTION II.

Des Actes, de leur forme, des Minutes, Grosses, Expéditions et Répertoires.

Art. 8. — Les Notaires ne pourront recevoir des actes dans lesquels leurs parents ou alliés, en ligne directe à tous les degrés, et en collatérale jusqu'au degré d'oncle ou de neveu inclusivement, seraient parties, ou qui contiendraient quelque disposition en leur faveur.

Art. 9. — Les actes seront reçus par deux Notaires, ou par un Notaire assisté de deux témoins, citoyens français, sachant signer, et domiciliés dans l'arrondissement communal où l'acte sera passé.

Art. 10. — Deux Notaires, parents ou alliés au degré prohibé par l'art. 8, ne pourront concourir au même acte.

Les parents, alliés, soit du Notaire, soit

des parties contractantes, au degré prohibé par l'art. 8; leurs clercs et leurs serviteurs, ne pourront être témoins.

Art. 11. — L'état et la demeure des parties devront être connus des Notaires, ou leur être attestés dans l'acte par deux citoyens connus d'eux, ayant les mêmes qualités que celles requises pour être témoin instrumentaire.

Art. 12. — Tous les actes doivent énoncer les nom et lieu de résidence du Notaire qui les reçoit, à peine de *cent francs d'amende* contre le Notaire contrevenant.

Ils doivent également énoncer les noms des témoins instrumentaires, leur demeure, le lieu, l'année et le jour où les actes sont passés, sous les peines prononcées par l'article 68 ci-après, et même de faux si le cas y échoit.

Art. 13. — Les actes des Notaires seront écrits en un seul et même contexte, lisiblement, sans abréviation, blanc, lacune ni intervalle; ils contiendront les noms, prénoms, qnalités et demeures des parties, ainsi que des témoins qui seraient appelés dans le cas de l'art. 11; ils énonceront en toutes lettres les sommes et les dates; les procurations des contractants seront annexées à la minute qui fera mention que lecture de l'acte a été faite aux parties ; le tout à peine de *cent francs d'amende* contre le Notaire contrevenant.

Art. 14. — Les actes seront signés par les parties, les témoins et les notaires qui doivent en faire mention à la fin de l'acte.

Quant aux parties qui ne savent ou ne peuvent signer, le Notaire doit faire mention, à la fin de l'acte, de leurs déclarations à cet égard.

Art. 15. — Les renvois et apostilles ne pourront, sauf l'exception ci-après, être écrits qu'en marge ; ils seront signés ou paraphés, tant par les Notaires que par les autres signataires, à peine de nullité des renvois et apostilles. Si la longueur du renvoi exige qu'il soit transporté à la fin de l'acte, il devra être non-seulement signé ou paraphé, comme les renvois écrits en marge, mais encore expressément approuvé par les parties, à peine de nullité du renvoi.

Art. 16. — Il n'y aura ni surcharge, ni interligne, ni addition dans le corps de l'acte ; et les mots surchargés, interlignés ou ajoutés seront nuls. Les mots qui devront être rayés, le seront de manière que le nombre puisse en être constaté en marge de leur page correspondante, ou à la fin de l'acte, et approuvé de la même manière que les renvois écrits en marge ; le tout à peine d'une amende de *cinquante francs* contre le Notaire, ainsi que de tous dommages-intérêts, même de *destitution* en cas de fraude.

Art. 17. — Le Notaire qui contreviendra aux lois et arrêtés du Gouvernement concernant les noms et classifications supprimées, les clauses et expressions féodales, les mesures et l'annuaire de la République, ainsi que la numération décimale, sera condamné d'une amende de *cent francs* qui sera *double* en cas de *récidive*.

Art. 18. — Le Notaire tiendra exposé dans son étude un tableau sur lequel il inscrira les noms, prénoms, qualités et demeures des personnes qui, dans l'étendue du ressort où il peut exercer, sont interdites et assistées d'un conseil judiciaire ; ainsi que la mention des jugements relatifs ; le tout immédiatement après la notification qui en aura été faite, et à peine de dommages-intérêts des parties.

Art. 19. — Tous actes notariés feront foi en justice, et seront exécutoires dans toute l'étendue de la République.

Néanmoins, en cas de plainte en faux

principal, l'exécution de l'acte argué de faux sera suspendu par la déclaration du jury d'accusation, prononçant *qu'il y a lieu à accusation* : en cas d'inscription de faux faite incidemment, les Tribunaux pourront, suivant la gravité des circonstances, suspendre provisoirement l'exécution de l'acte.

Art. 20. — Les Notaires seront tenus de garder minute de tous les actes qu'ils recevront.

Ne seront néanmoins compris dans la présente disposition, *les certificats de vie, procurations, actes de notoriété, quittances de fermages, de loyers, de salaires, arrérages de pensions et rentes*, et autres actes simples qui, d'après les lois, peuvent être délivrés en brevet.

Art. 21. — Le droit de délivrer des grosses et expéditions n'appartiendra qu'au Notaire possesseur de la minute, et, néanmoins, tout Notaire pourra délivrer copie d'un acte qui lui aura été déposé pour minute.

Art. 22. — Les Notaires ne pourront se dessaisir d'aucune minute, si ce n'est dans le cas prévu par la loi, et en vertu d'un jugement.

Avant de s'en dessaisir, ils en dresseront une copie figurée, qui, après avoir été certifiée par le Président et le Commissaire (*Procureur de la République*) du Tribunal civil de leur résidence, sera substitué à la minute dont elle tiendra lieu jusqu'à sa réintégration.

Art. 23.—Les Notaires ne pourront également, sans l'ordonnance du Président du Tribunal de première instance, délivrer expédition ni donner connaissance des actes à d'autres qu'aux personnes intéressées en nom direct, héritiers ou ayants-droit, à peine des dommages-intérêts, d'une amende de *cent francs, et d'être, en cas de récidive, suspendus de leurs fonctions pendant trois mois;* sauf néanmoins l'exécution des lois et réglements sur le droit d'enregistrement, et de celles relatives aux actes qui doivent être publiés dans les tribunaux.

Art. 24. — En cas de compulsoire, le procès-verval sera dressé par le Notaire dépositaire de l'acte, à moins que le Tribunal qui l'ordonne ne commette un de ses membres, ou tout autre Juge, ou un autre Notaire.

Art. 25. — Les grosses seules seront délivrées en formes exécutoires; elles seront intitulées et terminées dans les mêmes termes que les jugements des tribunaux.

Art. 26. — Il doit être fait mention, sur la minute, de la délivrance d'une première grosse, faite à chacune des parties intéressées; il ne peut lui en être délivré d'autre, *à peine de destitution*, sans une ordonnance du Président du Tribunal de première instance, laquelle demeurera jointe à la minute.

Art. 27. — Chaque Notaire sera tenu d'avoir un cachet ou sceau particulier, portant ses nom, qualité et résidence, et, d'après un modèle uniforme, le type de la République Française.

Les grosses et expéditions des actes porteront l'empreinte de ce cachet.

Art. 28. — Les actes notariés seront légalisés, savoir : ceux des Notaires à la résidence des Cours d'appel, lorsqu'on s'en servira hors de leur ressort; et ceux des autres Notaires, lorsqu'on s'en servira hors de leur département.

La légalisation sera faite par le Président du Tribunal de première instance de la résidence du Notaire ou du lieu où sera délivré l'acte ou l'expédition.

Art. 29. — Les Notaires tiendront répertoire de tous les actes qu'ils recevront.

Art. 30. — Les répertoires seront visés, cotés et paraphés par le Président, ou, à son défaut, par un autre juge du Tribunal civil de la résidence; ils contiendront la date, la nature et l'espèce de l'acte, les noms des parties et la relation de l'enregistrement.

HONORAIRES DUS AUX NOTAIRES.

DROITS D'ENREGISTREMENT.

Timbre.

Dans chaque arrondissement, il existe une Chambre des Notaires, composée d'un Président, d'un Secrétaire et de plusieurs membres, le tout choisi parmi les Notaires du ressort de chaque Tribunal civil.

Les membres doivent se réunir au moins deux fois par an, au chef-lieu de leur arrondissement respectif, dans un local à ce destiné.

Chaque Chambre à son tarif particulier; c'est elle-même, en assemblée générale, qui le discute et le révise lorsqu'il y a lieu; seulement, ces tarifs diffèrent de très-peu de chose les uns des autres.

Un Notaire, sous peine d'être traduit devant la Chambre et d'encourir les peines prononcées par elle, n'a pas le droit de prendre à un client pour tel ou tel acte, moins que le tarif ne porte ; il peut et a même le droit de prendre plus, comme il a aussi celui de faire remise, en entier, de ses honoraires à telle ou telle personne s'il le juge convenable.

Seulement, il est une chose qui existe pour tous les Notaires en général, chose qui ne peut varier et qui est établie d'après une loi : c'est le droit de délivrance d'acte que l'on nomme expédition, qui est de 1 fr. 50 c. par rôle, ou 3 fr. par feuille, pour les Notaires résidant aux chefs-lieux de cantons et dans les campagnes ; 2 fr. pour ceux résidant aux chefs-lieux d'arrondissement ; aux chefs-lieux des Cours d'appel, comme Rouen, Caen, Rennes, Besançon, etc., etc., 2 fr. 70 c. ; à Paris, 3 fr., conformément à l'art. 147 du décret du 16 février 1807.

Chaque rôle doit contenir *vingt-cinq lignes* à la page, chaque ligne au moins *quinze syllabes*.

Les expéditions sont délivrées sur des

feuilles de papier timbré de 1 fr. 25 c. que le client doit payer, outre la délivrance et les frais qu'occasionne la rédaction de la minute.

Maintenant, nous allons faire connaître quel est le coût approximatif, en fait d'honoraires, des minutes des actes que l'on est le plus souvent dans la nécessité de faire ; nous y joindrons en même temps les droits d'enregistrement qu'emporte chaque acte, et il nous a semblé que, pour y parvenir, la manière la plus simple et la plus claire était, pour ce qui concerne les actes notariés, de suivre l'ordre alphabétique, ce à quoi nous procédons de la manière suivante :

A.	HONORAIRES dus aux Notaires.		DROITS d'enregistrt 10e compris.	
	fr.	c.	fr.	c.
ABANDON de biens pour être vendus en direction.	»	25 %	5	50
ACCEPTATION de donation devant le même notaire :				
jusqu'à 2,000 fr. . .	3	»	1	10
au-dessus de 2,000 f.	6	»		
ACCEPTATION de				

	HONORAIRES dus aux Notaires.		DROITS d'enregistr^t 10e compris.	
	fr.	c.	fr.	c.
transport dans l'acte ou à la suite.	2	»	1	10
Lorsque le transport est reçu par un autre notaire.	3	»		
ACTE RESPECTUEUX ou sommation faite à des parents pour arriver à un mariage projeté. (*Pour les honoraires*, voy. *vacation.*).	»	»	1	10
ACTE INNOMMÉ.	4	»	1	10
ACTE SOUS SEING PRIVÉ (Dépôt).	4	»	2	10
ADJUDICATION volontaire	1 °/o	»	6	05 °/o
ADJUDICATION renvoyée par justice :				
jusqu'à 10,000 f. °/o.	1	»	6	05 °/o
de 10 à 50,000 °/o.	»	50	6	05 °/o
de 50 à 100,000 °/o.	»	25	6	05 °/o
au-delà de 100,000 °/o.	»	12	6	05 °/o
AFFECTATION HYPOTHÉCAIRE (voyez *obligation*).				

	HONORAIRES dus aux notaires.		DROITS d'enregistrt 10e compris.
	fr.	c.	fr. c.
AMORTISSEMENT, le droit ne peut être au-dessous.	3	»	» 55 %
APPRENTISSAGE (voyez *obligation*).			
ANTICHRÈSE (v. *obligation*).			
ARRÊTÉ DE COMPTE DE TUTELLE. . . .	6	»	1 10 %
Si le compte n'a pas été reçu par le notaire, le droit proportionnel de compte est dû sur l'arrêté.			
ATERMOIEMENT (voyez *obligation*.)			
B.			
BAUX, quelle que soit la durée, 25 c. % sur les années cumulées, augmentées des charges, sans que le			

	HONORAIRES dus aux Notaires.		DROITS d'enregistr 10e compris.	
	fr.	c.	fr.	c.
droit puisse être moindre de.	3	»	»	22 %
Le droit d'enregistrement est perçu sur le prix cumulé de toutes les années.				
BÉNÉFICE D'INVENTAIRE (compte de). (Voy. *Compte de tutelle.*)				
BILLET A ORDRE. (Lorsqu'une personne est débitrice envers une autre d'une petite somme et qu'elle ne sait signer, on conseille ici d'aller trouver un notaire, afin que ce dernier puisse donner au billet qu'il est requis de faire la forme authentique):				
au-dessous de 100 f.	1	»	1	10 %
au-dessus.	»	50 %	»	»

C.	HONORAIRES dus aux Notaires.		DROITS d'enregistr^t 10e compris.	
	fr.	c.	fr.	c.
CAHIER DE CHARGES de vente volontaire, non suivi de vente à la vacation. (Voyez *vacation.*)			1	10
De ventes ordonnées par justice, 1 f. 50 par rôle de vingt-cinq lignes à la page et de douze syllabes à la ligne. (Ordonn. du 10 oct. 1841, art. 14.)				
CERTIFICATS DE PROPRIÉTÉ,				
SAVOIR :				
Au-dessous de 100 f., à la volonté du notaire.				
de 100 à 600 fr. . .	3	»	1	10
Au-dessus de 600 f..	»	50 %		
CERTIFICATS DE VIE pour les pensionnaires de l'État.				
(Ces certificats sont délivrés sur papier li-				

	HONORAIRES dus aux Notaires.		DROITS d'enregistr^t 1/10e compris.	
	fr.	c.	fr.	c.
bre, on ne les fait pas enregistrer.)				
Trimestre de 50 f. et au-dessous.	»	»		
de 50 à 100	»	20		
de 101 à 300	»	35		
de 301 à 600. . . .	»	50		
au-dessus de 600. .	1	»		
Semestre de 100 f. et au-dessous.	»	50		
de 101 à 300 . . .	»	75		
de 301 à 600 . . .	1	»		
au-dessus de 600. .	2	»		
(Décret du 21 août 1806 et Ord. du 20 juin 1817.)				
Pour les non-pensionnaires de l'État. . .	2	»		
CESSION DE BAIL (voir *baux*).				
CESSION MOBILIÈRE.	»	50 %	2	20 %
COMMAND (déclaration de)				

	HONORAIRES dus aux Notaires. fr.	c.	DROITS d'enregistrt 10e compris. fr. c.
de 1,000 fr.	3	»	
de 1,000 à 2,000..	4	»	3 30
au-dessus de 2,000. .	6	»	

Lorsque le notaire ne réside pas dans l'endroit où se trouve le bureau d'enregistrement, il lui est dû en plus une vacation pour ses démarches, l'acte devant être enregistré dans les 24 heures.

COMMISSION (droit de).

Ce mot n'est pas un acte ; si nous l'avons intercallé ici, c'est seulement pour faire savoir aux clients que lorsqu'un notaire est chargé de placer des capitaux, de faire une vente mobilière ou immobilière, il a le droit de se faire allouer une

	HONORAIRES dus aux Notaires.		DROITS d'enregistrt. 10e compris.	
	fr.	c.	fr.	c.
commission, en raison de ses démarches et de sa responsabilité ; ce droit ne le préjudicie en rien relativement aux honoraires qui lui sont dus par l'acte qui en est la suite.				
COMPTE DE TUTELLE ou BÉNÉFICE D'INVENTAIRE,				
jusqu'à 20,000 f. . .	»	50 %	1	10 %
au-dessus	»	30 %		
CONSENTEMENT à exécution d'un testament,				
minimum.	3	»		
maximum	6	»	1	10
CONSENTEMENT à mariage. (Cet acte est en brevet.)	2	45	2	20
CONSENTEMENTS SIMPLES.	2	45	2	20
CONSTITUTIONS VIAGERES.	1	40 %	2	20 %

D.

	HONORAIRES dus aux Notaires.		DROITS d'enregist. 10e compris.	
	fr.	c.	fr.	c.
DECHARGE pure et simple.	3	»	2	20
DÉCLARATION DE COMMAND (voy. *command*).				
DEFAUT à la vacation (voyez *vacation*). (Art. 168 du décret du 16 février 1807.)			2	20 par vacation
DÉPOT D'ACTE sous seing privé. Lorsque l'acte a été enregistré avant de le déposer, il n'est dû qu'un droit de			2	20
Relativement aux honoraires qui sont dus aux Notaires, pour les actes sous seing privé qui leur sont déposés, afin qu'ils en gardent minute en les annexant à un procès-verbal pour ce rédigé, ils sont perçus: ceux qui ont ac-				

quis une date certaine depuis dix ans, à raison de moitié des honoraires qui leur auraient été dus si les actes avaient éte reçus par eux dans la forme authentique. (Voyez *vente.*)

Si parfois l'acte de dépôt rectifie l'acte sous seing privé, soit pour la désignation de la chose vendue, soit pour l'établissement de propriétés, soit pour l'affectation hypothécaire, soit pour quelques autres déclarations qui auraient été omises, le notaire a le droit de se faire payer en entier le montant de ses honoraires, comme si l'acte sous seing eût été rédigé primitive-

HONORAIRES dus aux Notaires.		DROITS d'enregistrt 10e compris.	
fr.	c.	fr.	c.

	HONORAIRES dus aux Notaires.		DROITS d'enregistr[t] 10e compris.	
	fr.	c.	fr.	c.
ment dans la forme authentique.				
Pour obvier à ce que l'on vient de dire dans la dernière phrase, voyez ci-après les formules d'actes sous seing privé.				
DEPOT DE PIECES et d'actes simples, ordinairement . . : . .	2	»	2	20
DEPOT DE TESTAMENT OLOGRAPHE.	6	»	2	20
DONATION ENTRE EPOUX hors contrat de mariage.	6	»	5	50
DONATION (révocation de). : . : . . .	6	»	2	20

E.

ECHANGE. Le droit se perçoit sur la valeur du plus fort objet, déterminée par trente fois le revenu déclaré.

	HONORAIRES dus aux Notaires.		DROITS d'enregistr. 10e compris.	
	fr.	c.	fr.	c.
Lorsqu'il n'y a point de soulte ou retour stipulé, le droit est perçu sur la valeur d'une des deux parts, et il est dû en outre le droit de transcription, lorsque les parties jugent à propos de faire transcrire leur acte, à raison de 1 fr. 50 c. par 100 fr., également sur la valeur d'une des deux parts.				
Lorsqu'il y a soulte, il est dû le droit de vente sur le montant de la soulte.				
EMARGEMENT. On donne ainsi ce nom à une mention que le Notaire met en regard d'un prix de vente, constatant que tout ou partie dudit prix a été payé par quittance reçue en				

	HONORAIRES dus aux Notaires.		DROITS d'enregistrᵗ 10ᵉ compris.	
	fr.	c.	fr.	c.
date du....... Par cela même on évite les frais d'expédition de la quittance. Honoraires....	1	50		
ENFANT NATUREL (Reconnaissance d'enfant)...........	6	»	5	50
ENGAGEMENT MILITAIRE. (Voyez *Remplacement militaire.*)				
EXPÉDITION. (V. plus haut, au titre: *Honoraires dus aux Notaires.*)				
G.				
GESTION (COMPTE DE). (Voyez *Compte de tutelle*).				
I.				
INCOMMUNITÉ...	3	»	2	20

L.	HONORAIRES dus aux Notaires.		DROITS d'enregistrt 10e compris.	
	fr.	c.	fr.	c.
LÉGALISATION DE BREVET OU D'EXPÉDITION. . . . . Il est, en outre, dû 25 c. de débours au greffier du Tribunal civil; plus, le port des pièces, lorsque le Notaire ne réside pas au chef-lieu d'arrondissement.	»	25		
LIQUIDATION MOBILIERE (V. *Compte de tutelle.*)				
LIQUIDATION ET PARTAGE RENVOYÉS DEVANT NOTAIRE.				
Il est passé aux Notaires, pour la formation des comptes que les copartageants peuvent se devoir de la masse générale de la succession, des lots et				

	HONORAIRES dus aux Notaires.		DROITS d'enregistr[t] 10e compris.	
	fr.	c.	fr.	c.
des fournissements à faire à chacun des copartageants, une somme correspondante au nombre des vacations que le juge arbitrera avoir été employées à la confection de l'opération. (Art. 171 du décret du 16 février 1807). Ordinairement, l'officier ministériel, chargé de cette opération, a pour usage de se faire allouer 1 p. %, lorsque la somme à lui attribuée par le nombre des vacations n'est pas en rapport avec le travail ou l'importance de la liquidation. Du reste, ces actes ne sont jamais trop payés lorsqu'ils sont faits d'u-				

	HONORAIRES dus aux Notaires.		DROITS d'enregistr[t] 10e compris.	
	fr.	c.	fr.	c.
ne manière juste, claire et précise; car, combien de travail, combien de temps n'y a-t-il pas à passer pour régler ainsi une famille qui a perdu un ou plusieurs de ses membres !...				
M.				
MAINLEVÉE D'INSCRIPTION PURE ET SIMPLE.	3	»	2	20
MAINLEVÉE COMPLIQUÉE.	5	»	2	20
MAINLEVÉE DONNÉE PAR PLUSIEURS. Il est dû 3 fr. d'honoraires par chaque inscription. L'administration de l'enregistrement perçoit autant de fois 2 fr. 20 c.				

HONORAIRES dus aux Notaires.		DROITS d'enregistrt 10e compris.	
fr.	c.	fr.	c.

comme il y a de mainlevées à donner.

MARIAGE. L'acte de mariage est un des actes les plus sérieux du notariat; en effet, l'acte ou contrat de mariage a pour but de régler les conventions matrimoniales des futurs époux, non-seulement pour un moment, mais souvent pour de nombreuses années, à moins que la mort ou une séparation civile ne viennent entraîner ou provoquer la dissolution ; il importe donc aux futurs époux de bien *réfléchir* et de bien *s'entendre* sous le rapport du *régime* qu'ils doivent apporter pour régir leur union. En Normandie, on ne con-

HONORAIRES dus aux Notaires.		DROITS d'enregistr^t 10e compris.	
fr.	c.	fr.	c.

naît, pour ainsi dire, que deux *régimes*, le *régime* DOTAL et le *régime* de la COMMUNAUTÉ, avec société d'acquêt.

Le régime dotal a son bon et son mauvais côté. Par suite de la déclaration de la future épouse dans son contrat de mariage, « qu'*elle se* « *constitue en dot tous* « *ses biens meubles et* « *immeubles présents et* « *à venir* », souvent il peut arriver qu'au bout de plus ou moins de temps, son mari ayant essuyé plus ou moins de pertes dans le commerce qu'il a pu faire, est passible de tout, d'autant plus que la femme ne peut s'obliger conjointement et solidaire-

	HONORAIRES dus aux Notaires.		DROITS d'enregistrt 10e compris.	
	fr.	c.	fr.	c.
ment avec lui, mariée comme elle l'est sous le régime dotal, et ne pouvant disposer de ses biens propres sans un bon et valable remploi.				
Si donc, comme il arrive souvent, les biens du mari, une fois expropriés et vendus, ne sont pas suffisants pour payer les dettes faites pendant le mariage, dettes qui ne peuvent être quelquefois que le résultat d'un commerce malheureux, le mari se trouve à la merci de ses créanciers, qui assouvissent leur rage sur lui, en faisant tout ce qui est en leur pouvoir pour le faire incarcérer; là, la femme, en vertu d'un jugement, a le droit de				

	HONORAIRES dus aux Notaires.		DROITS d'enregistr[t] 10e compris.	
	fr.	c.	fr.	c.
vendre, jusqu'à concurrence de telle somme, tout ou partie de ses immeubles, et ce, sans remploi, à condition que le prix provenant des ventes sera employé à payer les créanciers de son mari, qui dès-lors sortira de prison.				
Il existe encore un motif qui peut faire autoriser la femme à vendre ses immeubles dotaux sans remploi: c'est lorsque les époux sont avancés en âge, et qu'ils sont incapables de pourvoir à leur existence; mais tout cela ne se fait pas sans frais, car les avocats, les avoués, les greffiers, les huissiers et les notaires en absorbent une partie avant				

que les affaires ne soient définitivement terminées, ce qui demande souvent beaucoup de temps, de voyages, de débours, etc., etc.

Le régime de la communauté a aussi son bon et son mauvais côté. Si le mari est dissipateur, il commence par vendre ses immeubles propres, et lorsqu'il n'a plus rien fait souscrire à sa femme telles ou telles obligations; souvent cette dernière le fait, soit par crainte, soit pour faire plaisir à son mari, si bien que lorsqu'il s'agit de remboursement et qu'il n'y a pas d'espèces pour satisfaire aux demandes, les pour-

HONORAIRES dus aux Notaires.		DROITS d'enregistr[t] 10e compris.	
fr.	c.	fr.	c.

	HONORAIRES dus aux Notaires.		DROITS d'enregistr^t 10e compris.	
	fr.	c.	fr.	c.
suites commencent, la vente a lieu, et la misère leur reste pour partage. Il n'est pas rare de voir beaucoup de personnes se marier sans avoir, au préalable, arrêté leurs conventions matrimoniales; celles-là sont soumises de droit au régime de la communauté légale; mais elles peuvent se faire par *testament* réciproque, telles donations qu'elles jugeront convenables. Les honoraires du Notaire se perçoivent ordinairement sur le montant des apports, tant mobiliers qu'immobiliers, des époux,				

	HONORAIRES dus aux Notaires.		DROITS d'enregistr[t] 10e compris.	
	fr.	c.	fr.	c.
constatés ou non dans le contrat.				
Quand la valeur n'est pas fixée, elle est déterminée par 20 fois le revenu déclaré ou contenu, ou 120 fois la contribution foncière applicable. Les valeurs viagères et la nue propriété s'estiment à la moitié de la propriété.				
Si le contrat contient une institution contractuelle en faveur des époux ou de l'un d'eux, les honoraires sont perçus pour cette disposition comme pour les testaments.				
Apports jusqu'à 1,000 f.	6	»		
— de 1,000 à 50,000 f.	»	25 %		
— de 50,000 à 100,000 f.	»	20 %		

	HONORAIRES dus aux Notaires.		DROITS d'enregistrt 10e compris.	
	fr.	c.	fr.	c.
Au-dessus	»	15 %		
Dans les apports doivent être comprises les donations faites au futur par le même contrat. Lorsque les futurs déclarent que les apports qu'ils font proviennent de leurs économies, le Receveur d'enregistrement ne perçoit aucun droit, si ce n'est celui-ci : 5 fr. pour mariage. 5 fr. pour donation éventuelle. 1 de décime. — Total 11 fr. Sur le mobilier donné par ascendant dans le contrat de mariage,				

	HONORAIRES dus aux Notaires.		DROITS d'enregistr' 10e compris.	
	fr.	c.	fr.	c.
il est perçu un droit de 62 c. 1/2 p. %, plus le 10e.				
(Loi du 22 frimaire, an VII, art. 69, §. 4, n° 1).				
Donations de biens meubles entre futurs époux, par contrat de mariage.				
Il est perçu 75 c. par 100 fr., plus le 10e.				
Pour *donations* entre vifs de propriété ou d'usufruit des biens immeubles en ligne directe, faites par contrat de mariage aux futurs, *y compris le droit de transcription*, auquel la réduction de moitié n'est pas applicable.				
Il est dû 2 fr. 75 c. par 100 fr., plus le décime.				

	HONORAIRES dus aux Notaires.		DROITS d'enregistr[t] 10e compris.	
	fr.	c.	fr.	c.
(Lois du 22 frimaire an VII, art. 69, §. 6, n° 2, et du 28 avril 1816, art. 54, délibération du 17 septembre 1817.)				
Pour donations entre vifs actuelles de propriété ou d'usufruit de biens immeubles, *faites par contrat de mariage entre futurs époux*, y compris le droit de transcription.				
Il est dû 3 fr. par 100 fr., plus le 10e.				
(Loi du 28 avril 1816, art. 53 et 54.)				
MARIAGE (Consentement à)	2	45	2	20
MARIAGE (Résiliement de contrat de) . . .	6	»	2	20
(L'administration de l'enregistrement doit rendre aux futurs le				

	HONORAIRES dus aux Notaires.		DROITS d'enregistr[t] 10e compris.	
	fr.	c.	fr.	c.
montant des droits qu'elle a perçus sur l'acte de mariage qui se trouve résilié.)				
N				
NOMINATION D'EXPERTS.	3	»	3	30
NOMINATION DE CONSEIL OU TUTEUR.	6	»	2	20
NOTORIÉTÉ SIMPLE (Brevet).	2	45	2	20
NOTORIÉTÉ (Minute).	3	»	2	20
NOTORIÉTÉ COMPLIQUÉE	5	»	2	20
O.				
OBLIGATION OU BILLET (Brevet). . . .	1 %	»	»	55 %
OBLIGATION (Minute.	1 %	»	»	55 %

P.	HONORAIRES dus aux Notaires.		DROITS d'enregistr 10e compris.	
	fr.	c.	fr.	c.
PARTAGE entre enfants.				
Minimum.	6			
de 1,000 f. à 100,000 f.	»	25 %		
au-dessus de 100,000 f.	»	15 %		
Il est dû pour l'enregistrement, lorsqu'il n'y a pas soulte ou retour.			5	50
PARTAGE ANTICIPÉ par ascendants. .	1 %	»	1	10 %
Il est dû en outre le droit de transcription, lorsque la formalité en est requise.				
PARTAGE RENVOYÉ par justice. (Voy. *Liquidation*.)				
PROCURATION GÉNÉRALE	4	»	2	20
PROCURATION SPÉCIALE (Brevet). .	2	45	2	20
Q.				
QUITTANCES de				

	HONORAIRES dus aux Notaires.		DROITS d'enregistr[t] 10e compris.	
	fr.	c	fr.	c.
loyers, fermages et arrérages de rentes.				
Brevet au-dessous de 50 fr.	»	50		
Au-dessus par % sur l'excédant. . . .	»	50		
Jusqu'à 10,000 f. .	»	10 %	»	55 %
de 10,000 à 50,000 f.	»	25 %		
de 50,000 et au-dessus.	»	20 %		

R.

RACHATS DE RÉMÉRÉ dans le délai et de rente. (Voyez *Quittance.*)				
RATIFICATION. .	3	»	1	10
RECHERCHE ET LECTURE d'une minute au-delà d'un an de date.	1	50		
(Arrêt du Conseil d'Etat, du 28 janvier 1581.)				
(Arrêt du Parlement				

	HONORAIRES dus aux Notaires.		DROITS d'enregistr. 10e compris.	
	fr.	c.	fr.	c.
de Paris du 26 août 1765.)				
RECONNAISSANCE d'enfant naturel. . . .	6	»	5	50
RECONNAISSANCE DE RENTE. (Voyez *Titre Nouvel.*)				
REMBOURSEMENTS. (Voyez *Quittances.*)				
REMPLACEMENT MILITAIRE.	1 %	»	1	10 %
RENONCIATION PURE ET SIMPLE. .	5	»	1	10
RÉQUISITION. Le testament est la propriété du testateur, et il doit rester secret pendant la vie de celui-ci; après son décès, le légataire ou l'héritier a le droit de requérir la communication de cette pièce. Ordinairement, le notaire rédige, pour				

	HONORAIRES dus aux Notaires.		DROITS d'enregistr[t] 10e compris.	
	fr.	c.	fr.	c.
sa responsabilité, un acte de réquisition constatant le jour du décès et la demande de l'expédition ou la grosse du testament.	3	»	1	10
RÉSILIEMENT DE CONTRAT DE MARIAGE, BAUX ET MARCHÉS. . . .	6	»	1	10
REVOCATION DE DONATION OU TESTAMENT.	6	»	2	20
S.				
SUBSTITUTION DE POUVOIRS.	2	45	2	20
T.				
TESTAMENT.				
Honoraires de la minute:				
au-dessous de 2,000 f.	6	»	»	»

	HONORAIRES dus aux Notaires.		DROITS d'enregistr^t 10e compris.	
	fr.	c.	fr.	c.
de 2,000 à 5,000 fr. .	8	»		
au-delà de 5,000 fr., 1 f. p. % en sus du droit fixe.				
Lorsque le testateur est décédé, la personne au profit de laquelle est fait le testament doit se transporter chez le Notaire qui en a la minute, afin que ce dernier puisse le faire enregistrer dans les délais ; l'enregistrement est de 5 fr. 50 c.				
Lors de la délivrance, il est d'usage que l'officier ministériel qui a reçu le testament perçoive à titre de supplément d'honoraires, non compris les droits d'expédition, un droit proportionnel comme pour les donations.				

	HONORAIRES dus aux Notaires.		DROITS d'enregistrᵗ 10ᵉ compris.	
	fr.	c.	fr.	c.
TESTAMENT renvoyé par le juge, ou Testament olographe .	6	»	5	50
TITRE NOUVEL.				
Au-dessous de 25 f. de rente.	3	»		
de 25 à 50 f.	4	»		
de 50 à 75 f.	5	»		
de 75 à 100 f.	6	»		
de 100 à 150 f.	7	50		
de 150 à 200 f.	10	»		
au-dessus de 200 fr., 2 f. 50 c. p. % sur le capital.			5	50
TRANSACTION simple.	5	»	5	50
TRANSPORT DE RENTE. (Voyez *Constitution*.)				
TRANSPORT DE SOMMES OU CREANCES. (Voyez *Obligation*.)				
TUTEUR. (Nomination de Tuteur.)	6	»	2	20

V.	HONORAIRES dus aux Notaires.		DROITS d'enregist. 10e compris.	
	fr.	c.	fr.	c.
VACATION.				
Les vacations sont de trois heures. (Art. 168 du décret du 16 février 1807.) Il est dû aux Notaires pour chaque Vacation qu'ils font *quatre francs*, indépendamment de leurs déboursés pour le timbre et l'enregistrement.				
VENTE VOLONTAIRE.				
300 fr. et au dessous.	5	»		
300 à 1,000 fr.	1 %	»		
de 1,000 à 10,000 fr.	»	75 %	6	05 %
de 10,000 à 50,000 f. et même au-dessus.	»	50 %		
VENTE JUDICIAIRE ou Vente renvoyée par justice.				
Il appartient aux Notaires la même remise qu'aux avoués poursuivant, c'est-à-dire 1 % tout au long.				

Lorsqu'un Notaire est requis de se transporter à un domicile plus ou moins éloigné de la résidence qui lui est assignée par le Gouvernement, pour passer tel ou tel acte, il lui est encore dû, indépendamment des honoraires de la minute, ses frais de voyage.

L'intérêt des avances faites par les Notaires pour les droits d'enregistrement et de timbre leur est dû, à partir de l'expiration du mois de la date des actes. Les à-comptes versés s'imputent de plein droit sur les droits d'enregistrement et de timbre.

En aucun cas, il n'est dû d'intérêt pour les honoraires.

HUISSIERS.

Les Huissiers étaient désignés dans le Droit Romain sous le nom d'*Appariteurs*; ils étaient chargés de faire exécuter les ordres du magistrat et ses décisions.

Dans le Droit Français, ils ont d'abord porté le titre de *Sergents*, parce qu'ils étaient les ministres des juges.

Le nom d'*Huissier* vient du vieux mot français *huis*, porte, parce qu'au nombre des Sergents, certains étaient spécialement employés pour le service du juge tenant audience, ou Chambre du Conseil, afin d'exécuter ses ordres et d'empêcher d'y pénétrer sans son autorisation.

Considérées même sous ce point de vue, les fonctions des Huissiers sont importantes, et la Loi les entoure de force et de respect; l'Huissier, dans l'exercice de ses fonctions, est regardé comme *fonctionnaire public*, et la Loi lui accorde la protection toute spéciale et toute privilégiée attachée à ce titre.

(J.-L. Jay.)

DÉCRET

Portant réglement sur l'organisation et le service des Huissiers.

(14 juin 1813.)

TITRE Ier.

DE LA NOMINATION, DU NOMBRE ET DE LA RÉSIDENCE DES HUISSIERS.

§. 1er.

De la nomination et du nombré des Huissiers.

ART. 1er. — Les Huissiers institués pour le service de nos Cours *royales et prévotales*, et pour tous nos Tribunaux, seront nommés par nous.

ART. 2. — Ils auront tous le même caractère, les mêmes attributions et le droit d'exploiter concurremment dans l'étendue du ressort du Tribunal civil d'arrondissement de leur résidence.

Néanmoins, nos Cours et Tribunaux choisiront parmi ces Huissiers, conformément au titre V de notre décret du 30 mars 1808, ceux qu'ils jugeront les plus dignes de leur confiance, pour le service intérieur de leurs audiences.

Art. 3. — Les Huissiers ainsi désignés par nos Cours et Tribunaux continueront de porter le titre d'*Huissiers-Audienciers*; ils auront pour ce service particulier une indemnité qui sera réglée par les art. 93, 94, 95, 96 et 103 ci-après.

Art. 4. — Le tableau des Huissiers-Audienciers sera renouvelé au mois de novembre de chaque année : tous les membres en exercice seront rééligibles; ceux qui n'auront pas été réélus rentreront dans la classe des Huissiers ordinaires.

Art. 5. — Les Huissiers qui seront en activité lors de la publication de notre présent décret, continueront provisoirement l'exercice de leurs fonctions; mais ils ne seront maintenus qu'après avoir obtenu de nous une commission confirmative.

A cet effet, ils remettront, dans les trois mois de ladite publication, tous les titres et pièces concernant leurs précédentes nominations et réceptions, au greffe du Tribunal de première instance de leur résidence.

Ils y joindront leur demande en commission confirmative, et le greffier leur donnera récépissé du tout.

Notre Procureur près le Tribunal de première instance enverra cette demande, avec l'avis du Tribunal, à notre Procureur général, qui prendra l'avis de la Cour royale et adressera le tout à notre Grand-Juge, Ministre de la justice.

Art. 6. — Lorsque la liste des Huissiers auxquels nous aurons accordé la commission confirmative, aura été renvoyée par notre Grand-Juge à notre Procureur général, ceux qui ne se trouveront point sur la liste seront tenus de cesser leurs fonctions, à compter du jour où la notification leur en sera faite à la diligence du ministère public. Cette même liste sera de plus affichée dans la salle d'audience et au greffe de la Cour ou du Tribunal.

Art. 7. — Chacun des Huissiers qui auront obtenu la commission confirmative, prêtera, dans les deux mois, à compter du jour où la liste aura été affichée, et ce à l'audience de ladite Cour ou dudit Tribunal, le serment de fidélité au Roi et d'obéissance aux

Constitutions du royaume, ainsi que celui de se conformer aux Lois et Réglements concernant son ministère, et de remplir ses fonctions avec exactitude et probité.

Art. 8. — Notre Grand-Juge, Ministre de la justice, après avoir pris l'avis de nos Cours, et les observations de nos Procureurs généraux, nous proposera la fixation définitive du nombre des Huissiers qu'il doit y avoir dans le ressort de chaque Tribunal civil d'arrondissement.

Art. 9. — Si le nombre des Huissiers maintenus d'après l'art. 6 excède celui qui sera définitivement fixé par nous en exécution du précédent article, la réduction à ce dernier nombre ne s'opèrera que par mort, démission ou destitution.

Art. 10. — A l'égard de ceux qui aspireront, à l'avenir, aux places d'Huissiers ordinaires, les conditions requises, seront ;

1° D'être âgé de 25 ans accomplis;

2° D'avoir satisfait aux lois sur le recrutement militaire ;

3° D'avoir travaillé au moins pendant deux ans, soit dans l'étude d'un Notaire ou d'un Avoué, soit chez un Huissier, ou pendant trois ans au greffe d'une Cour royale ou d'un Tribunal de première instance ;

4° D'avoir obtenu de la chambre de discipline, dont il sera parlé ci-après, un certificat de moralité, de bonne conduite et de capacité.

Si la chambre accorde trop légèrement ou refuse sans motif valable ce certificat, il y aura recours au Tribunal de première instance, savoir : dans le premier cas, par le Procureur du Roi, et dans le second, par la partie intéressée ; en conséquence, le Tribunal, après avoir pris connaissance des motifs d'admission ou de refus de la chambre, ainsi que des moyens de justification de l'aspirant, et après avoir entendu notre Procureur du Roi, pourra refuser ou accorder lui-même le certificat par une délibération dont copie sera jointe à l'acte de présentation du candidat.

Art. 11. — Ceux qui seront nommés Huissiers se présenteront dans le mois qui suivra la notification à eux faite du décret de leur nomination, à l'audience publique du Tribunal de première instance, et y prêteront le serment prescrit par l'art. 7.

Art. 12. — Ces Huissiers ne pourront faire aucun acte de leur ministère avant d'avoir prêté ledit serment, et ils ne seront admis à le prêter que sur la représentation de la quittance du cautionnement fixé par la loi.

Art. 13. — Ceux qui n'auront point prêté le serment dans le délai ci-dessus fixé, demeureront déchus de leur nomination, à moins qu'ils ne prouvent que le retard ne leur est point imputable, auquel cas le Tribunal pourra déclarer qu'ils sont relevés de la déchéance par eux encourue et les admettra au serment.

Art. 14. — La précédente disposition est applicable aux Huissiers dont il est parlé en l'art. 5, relativement au délai fixé par l'article 7.

§. II.

De la résidence des Huissiers.

Art. 15. — Les Huissiers-Audienciers seront tenus, à peine d'être remplacés, de résider dans les villes où siégent les Cours et Tribunaux près desquels ils devront faire respectivement leur service.

Art. 16. — Les Huissiers ordinaires seront tenus, sous la même peine, de garder la résidence qui leur aura été assignée par le Tribunal de première instance.

Art. 17. — La résidence des Huissiers ordinaires sera, autant que faire se pourra, fixée dans les chefs-lieux de canton.

Art. 18. — Si des circonstances de localité ne permettent point l'établissement d'un Huissier ordinaire au chef-lieu du canton, le Tribunal de première instance le fixera dans l'une des communes les plus rapprochées du chef-lieu.

Art. 19. — Dans les communes divisées en deux arrondissements de Justice de paix au plus, chaque Huissier ordinaire sera tenu de fixer sa demeure dans le quartier que le Tribunal de première instance jugera convenable de lui indiquer, à cet effet.

TITRE II.

DES ATTRIBUTIONS DES HUISSIERS ET DE LEURS DEVOIRS.

CHAPITRE I.

ATTRIBUTION DES HUISSIERS.

§. Ier.

Service personnel près les Cours d'Appel et près les divers Tribunaux.

Art. 20. — Les Huissiers-Audienciers sont maintenus dans le droit que leur donne et l'obligation que leur impose notre décret du 30 mars 1808, de faire exclusivement, près les Cours et Tribunaux respectifs, le service personnel aux audiences, aux assemblées générales et particulières, aux enquêtes, interrogatoires et autres commissions, ainsi qu'au parquet.

Pourront néanmoins, nos Cours et Tribunaux, commettre accidentellement des Huissiers ordinaires, à défaut ou en cas d'insuffisance des Huissiers-Audienciers.

Art. 21. — Le service personnel d'Huissier près les Cours d'Assises et les *Cours Spéciales* sera fait, savoir : dans les villes où siégent nos Cours d'Appel, par des Huissiers-Audienciers de ladite Cour, et partout ailleurs, par des Huissiers-Audienciers du Tribunal de première instance du lieu où se tiendront les séances de la Cour d'Assises ou de la *Cour Spéciale*.

L'art. 118 du décret du 6 juillet 1810, relatif au mode de désignation des Huissiers qui doivent faire le service près les Cours d'Assises et les *Cours Spéciales* des départements autres que celui où siége la Cour Royale, continuera de recevoir son exécution.

Art. 22. — Les Huissiers qui seront désignés pour faire le service personnel près les Cours d'Assises et les *Cours Spéciales*, ne pourront, pendant la durée des sessions criminelles, sortir du canton de leur résidence, sans un ordre exprès du Procureur Général ou du Procureur Royal criminel.

Art. 23. — Il sera fait, par nos Cours et Tribunaux, des réglements particuliers sur l'ordre du service de leurs Huissiers-Audienciers, en se conformant aux dispositions du présent Titre et à celles du Titre V du décret du 30 mars 1808.

Les réglements que feront sur cet objet les Tribunaux de première instance ou de commerce et les *Tribunaux ordinaires des douanes*, seront soumis à l'approbation des Cours auxquelles ces Tribunaux ressortissent.

§ II.

Droit d'exploiter, etc.

Il est enjoint aux Huissiers, ainsi qu'aux Notaires, Avoués et Greffiers, à faire mention dans leurs Actes des patentes des particuliers à la requête desquels ils exercent, sous peine d'une amende de 500 fr., prononcée par l'article 37 de la loi du 1er brumaire an VII. (Ordonnance du 23 décembre 1814).

Art. 24. — Toutes citations, notifications et significations requises pour l'instruction des procès, ainsi que tous actes et exploits nécessaires pour l'exécution des ordonnances de justice, jugements et arrêts, seront faits concurremment par les Huissiers-Audienciers et les Huissiers ordinaires, chacun dans l'étendue du Tribunal civil de première instance de sa résidence, sauf les restrictions portées par les articles suivants.

Art. 25. — Les Huissiers-Audienciers de notre Cour de cassation continueront, dans l'étendue du lieu de cette Cour, d'instrumenter, exclusivement à tous les autres Huissiers, pour les affaires portées devant elle.

Art. 26. — Les Huissiers-Audienciers de nos Cours royales et ceux de nos Tribunaux de première instance feront exclusivement, près leurs Cours et Tribunaux respectifs, les significations d'avoué à avoué.

Art. 27. — Les Huissiers-Audienciers de nos *Cours prévôtales* et Tribunaux ordinaires *des douanes* feront exclusivement, près leurs Cours et Tribunaux respectifs et dans l'étendue du canton de leur résidence, tous exploits en matière de douanes.

Art. 28. — Tous exploits et actes du ministère d'Huissier près les Justices de paix et les Tribunaux de police seront faits par les Huissiers ordinaires employés au service des audiences.

A défaut ou en cas d'insuffisance des Huissiers ordinaires du ressort, lesdits exploits et actes seront faits par les Huissiers ordinaires de l'un des cantons les plus voisins.

Art. 29. — Défenses itératives sont faites à tous Huissiers, sans distinction, d'instrumenter en matière criminelle ou correctionnelle, hors du canton de leur résidence, sans un mandement exprès, délivré conformément à l'art. 84. de notre décret du 18 juin 1811.

Art. 30. — Nos Procureurs près les Tribunaux de première instance et les Juges d'instruction ne pourront délivrer de pareils mandements que pour l'étendue du ressort du Tribunal de première instance.

Art. 31. — Nos procureurs royaux criminels pourront ordonner le transport d'un Huissier dans toute l'étendue du département.

Art. 32. — La disposition du précédent article est applicable à nos Procureurs près les *Tribunaux* ordinaires des *douanes*, à moins qu'il n'y ait dans le même département deux ou plusieurs de ces Tribunaux: dans ce dernier cas, ils ne pourront ordonner le transport que pour la partie de ce département formant le ressort de leur Tribunal.

Art. 33. — Le transport des Huissiers dans les divers départements du ressort de nos Cours d'Appel et *Prévôtales*, ne pourra être autorisé dans des affaires criminelles, que par nos Procureurs Généraux près nos Cours.

ART. 34. — En matière de simple police, aucun Huissier ne pourra instrumenter hors du canton de sa résidence, si ce n'est dans le cas prévu par le second paragraphe de l'art. 28 du présent décret, et en vertu d'une cédule délivrée pour cet effet par le Juge de paix.

ART. 35. — Dans tous les cas où les réglements accordent aux Huissiers une indemnité pour frais de voyage, il ne sera alloué qu'un seul droit de transport pour la totalité des actes que l'Huissier aura faits dans une même course et dans le même lieu.

Ce droit sera partagé en autant de parties égales entre elles qu'il y aura d'originaux d'actes; et à chacun de ces actes, l'Huissier appliquera l'une desdites portions; le tout à peine de rejet de la taxe, ou de restitution envers la partie, et d'une amende qui ne pourra excéder *cent francs* ni être moindre de *vingt francs*.

ART. 36. — Tout Huissier qui chargera un Huissier d'une autre résidence d'instrumenter pour lui, à l'effet de se procurer un droit de transport qui ne lui aurait pas été alloué s'il eût instrumenté lui-même, sera puni d'une amende de 100 francs ; l'Huissier qui aura prêté sa signature sera puni de la même peine.

En cas de récidive, l'amende sera double, et l'Huissier sera de plus *destitué*.

Dans tous les cas, le droit de transport indûment alloué ou perçu sera rejeté de la taxe ou restitué à la partie.

§. III.

Prisées et ventes publiques de meubles et effets mobiliers.

Art. 37. — Dans les lieux pour lesquels il n'est point établi de Commissaires-priseurs exclusivement chargés de faire les prisées et ventes publiques de meubles et effets mobiliers, les Huissiers, tant audienciers qu'ordinaires, continueront de procéder, concurremment avec les Notaires et les Greffiers, auxdites prisées et ventes publiques, en se conformant aux lois et réglements qui y sont relatifs.

Art. 38. — Les Huissiers ne pourront, ni directement ni indirectement, se rendre adjudicataires des objets mobiliers qu'ils seront chargés de vendre.

Toute contravention à cette disposition sera punie de la suspension de l'Huissier pendant trois mois, et d'une amende de 100 f. pour chaque article par lui acheté, sans préjudice de plus fortes peines dans les cas prévus par le Code pénal.

La *récidive*, dans quelque cas que ce soit, entraînera toujours la *destitution*.

CHAPITRE III.

DEVOIRS DES HUISSIERS.

Art. 39. — Les Huissiers sont tenus de se renfermer dans les bornes de leur ministère, sous les peines portées par l'art. 132 du Code de procédure civile.

Art. 40. — L'exercice du ministère d'Huissier est incompatible avec toute autre fonction publique salariée.

Art. 41. — Il est défendu aux Huissiers, sous peine d'être remplacés, de tenir auberge, cabaret, café, tabagie ou billard, même sous le nom de leurs femmes, à moins qu'ils n'y soient spécialement autorisés.

Art. 42. — Les Huissiers sont tenus d'exercer leur ministère toutes les fois qu'ils en sont requis et sans exception de personnes, sauf les prohibitions pour cause de parenté ou d'alliance, portées par les articles 4 et 66 du Code de procédure civile.

L'art. 85 de notre décret du 18 juin 1811 sera exécuté à l'égard de tout Huissier qui, sans cause valable, refuserait d'instrumenter à la requête d'un particulier.

Art. 43. — Les copies à signifier par les Huissiers seront correctes et lisibles, à peine de rejet de la taxe ou de restitution des sommes reçues.

Les papiers employés à ces copies ne pourront contenir, savoir : plus de quarante lignes par page de moyen papier, et plus de cinquante lignes par page de grand papier, à peine d'une amende de vingt-cinq francs, conformément à l'art. 26 de la loi sur le timbre, du 13 brumaire an VII.

Si la copie d'un arrêt ou d'un jugement en dernier ressort n'est point conforme à ce qui est prescrit par le présent article, l'Huissier qui l'aura signée, sera de plus condamné à une amende de vingt-cinq francs, sur la seule provocation du ministère public, et par la Cour ou le Tribunal devant lequel cette copie aura été produite.

Nos Procureurs-généraux et royaux sont

chargés spécialement de veiller à l'exécution du présent article.

Art. 44. — Si l'Huissier contrevenant à l'une des dispositions du précédent article, est convaincu de récidive, le ministère public pourra provoquer sa suspension, ou même son remplacement s'il y a lieu.

Art. 45. — Tout Huissier qui ne remettra pas lui-même à personne ou domicile l'exploit et les copies de pièces qu'il aura été chargé de signifier, sera condamné par voie de police correctionnelle, à une suspension de trois mois, à une amende qui ne pourra être moindre de *deux cents francs*, ni excéder deux mille francs, et aux dommages-intérêts des parties.

Si néanmoins, il résulte de l'instruction qu'il a agi frauduleusement, il sera poursuivi criminellement et puni d'après l'art. 146 du Code pénal. — Cet article est ainsi conçu :

« *Sera puni des travaux forcés à perpétuité,*
« *tout fonctionnaire ou officier public qui,*
« *en rédigeant des actes de son ministère, en*
« *aura frauduleusement dénaturé la substance*
« *ou les circonstances, soit en écrivant des*
« *conventions autres que celles qui auraient*

« été tracées ou dictées par les parties, soit « en constatant comme vrais des faits faux, « ou comme avoués des faits qui ne l'étaient « pas. »

Art. 46. — Les Répertoires doivent être cotés et paraphés. Ceux des Huissiers-Audienciers, par le Président de la Cour ou du Tribunal, ou par le Juge qu'il aura commis à cet effet. Ceux des Huissiers ordinaires résidant dans les villes où siégent les Tribunaux de première instance, par le Président du Tribunal, ou par le Juge qu'il aura commis à cet effet. Ceux des autres Huissiers, par le Juge de paix du canton de leur résidence.

Art. 47. — Outre les mentions qui, aux termes de l'art. 50 de la même loi, doivent être faites dans lesdits Répertoires, les Huissiers y marqueront dans une colonne particulière le coût de chaque acte ou exploit, déduction faite de leurs déboursés.

Art. 48. — Pour faciliter la taxe des frais, les Huissiers, outre la mention qu'ils doivent faire au bas de l'original et de la copie de chaque acte, du montant de leurs droits, seront tenus d'indiquer en marge de l'original le nombre de rôles des copies de pièces, et d'y marquer de même le détail de tous les articles de frais formant le coût de l'acte.

Taxe des Huissiers des Juges de paix.

POUR L'ORIGINAL :

De chaque citation contenant demande, à Paris.	1 f.	50 c.
dans les villes où il y a un Tribunal de première instance ainsi que dans les autres villes et cantons ruraux.	1	25
De signification de jugement. .	1	25
De sommation de fournir caution ou d'être présent à la réception et soumission de la caution ordonnée.	1	25
D'opposition au jugement par défaut contenant assignation à la prochaine audience.	1	50
Demande en garantie. . . .	1	50
De citation aux témoins. . . .	1	50

De citation aux gens de l'art et experts. 1 50
De citation en conciliation. . . 1 50
De citation aux membres qui doivent composer le conseil de famille. 1 50
De notification de l'avis du conseil de famille. 1 50
D'opposition aux scellés. 1 50
De sommation à la levée des scellés. 1 50

Et pour chaque copie des actes ci-dessus énoncés, le quart de l'original.

POUR LA COPIE DES PIÈCES QUI POURRA ÊTRE DONNÉE AVEC LES ACTES :

Par chaque rôle d'expédition de vingt lignes à la page et de dix syllabes à la ligne, à Paris. . . . . » f. 25 c.
Dans tous les autres endroits. » 20

POUR TRANSPORT, *qui ne pourra être alloué qu'autant qu'il y aura plus d'un demi-myriamètre* (une lieue ancienne) *de distance entre la demeure de l'Huissier et le lieu où l'exploit devra être posé :*

Aller et retour par myriamètre. . . 2 f.

Taxe des Témoins, Experts et Gardiens des scellés.

(Code de procéd., art. 29 et 24.)

Il doit être taxé au Témoin entendu par le Juge de paix, une somme équivalente à une journée de travail, même à une double journée si le Témoin a été obligé de se faire remplacer dans sa profession, ce qui est laissé à la prudence du juge.

Il est taxé au Témoin qui n'a pas de profession. . . . . 2 f.

Il n'est point payé de frais de voyage si le Témoin est domicilié dans le canton où il est entendu.

S'il est domicilié hors du canton, et à une distance de plus de deux myriamètres et demi du lieu où il fera sa déposition, il lui sera alloué autant de fois une somme double de journée de travail, ou une somme de 4 fr., qu'il y aura de fois cinq myriamètres de distance entre son domicile et le lieu où il aura déposé.

La taxe des Experts (*Code de procédure, art. 29 et 42*) en justice de paix, sera la même que celle des témoins, et il ne leur est alloué de frais de voyage que dans le même cas.

Les frais de Garde sont taxés par chaque jour.

Pendant les douze premiers jours :

A Paris.	2 f.	50 c.
Dans les villes où il y a un Tribunal de première instance..	2	»
Partout ailleurs.	1	50

Ensuite, seulement à raison de :

A Paris.	1	»
Dans les villes où il y a un Tribunal de première instance.	»	80
Partout ailleurs.	»	60

DE LA TAXE DES FRAIS

DANS LES TRIBUNAUX INFÉRIEURS ET DANS LES COURS.

TAXE DES ACTES DES HUISSIERS ORDINAIRES.

§. Ier.

Actes de première classe.

(Code de procéd. civ., art. 16, 59, 61 et 69.)

Pour l'original d'un exploit d'appel du jugement de la justice de paix.

D'un exploit d'ajournement, même en cas de domicile inconnu en France, et d'affiche à la porte de l'auditoire :

A Paris. . . . . 2 f. » c.
Partout ailleurs. 1 50

Pour les copies de pièces qui doivent être données avec l'exploit d'ajournement et autres actes, par rôle contenant vingt lignes à la page et dix syllabes à la ligne ou évaluée sur ce pied :

A Paris. . . . . » f. 25 c.
Partout ailleurs. . . . . . » 20

Les copies doivent être correctes et lisibles à peine de rejet de la taxe.

(Code de procédure civ., art. 121.) Pour l'original d'une sommation d'être présent à la prestation d'un serment ordonné.

(Art. 147.) D'une signification de jugement à domicile.

(Art. 153.) D'une signification d'un jugement de jonction par un Huissier commis.

(Art. 156.) De signification d'un jugement par défaut contre partie par un Huissier commis.

(Art. 162.) D'opposition au jugement par défaut rendu contre partie.

(Art. 204.) De sommation aux experts et aux dépositaires des pièces de comparaison en vérification d'écritures.

(Art. 223.) De signification aux dépositaires de l'ordonnance ou du jugement qui porte que la minute de la pièce sera apportée au Greffe.

(Art. 260 et 261.) D'assignation aux témoins dans les enquêtes.

D'assignation à la partie contre laquelle se fait l'enquête.

(Art. 307.) De signification de l'ordonnance du Juge-Commissaire, pour faire prêter serment aux experts.

(Art. 329.) De la signification de la requête et des ordonnances pour faire subir un interrogatoire sur faits et articles.

(Art. 330.) De la signification du jugement rendu par défaut contre partie, sur demande en reprise d'instance, ou en constitution de nouvel Avoué par un Huissier commis.

(Art. 355.) De signification du désaveu.

(Art. 365.) De signification de jugement portant permission d'assigner en réglement de Juges, contenant assignation.

(Art. 415.) Pour l'original d'une demande formée au Tribunal de commerce.

(Art. 429.) D'une sommation de comparaître devant les Arbitres ou Experts nommés par le Tribunal de commerce.

(Art. 435.) De signification de jugement par défaut du Tribunal de commerce, par un Huissier commis.

(Art. 436 et 437.) Pour l'original d'opposition au jugement par défaut rendu par le Tribunal de commerce, contenant les moyens d'opposition et assignation.

(Art. 439.) De signification des jugements contradictoires.

(Art. 440 et 441.) De l'acte de présentation de caution, avec sommation, à jour et heure fixes, de se présenter au Greffe pour prendre communication des titres de la caution, et assignation à l'audience, en cas de contestation, pour y être statué.

(Art. 456.) Original d'un acte d'appel de jugements des Tribunaux de première instance et de commerce, contenant assignation et constitution d'Avoué.

(Art. 447.) De signification de jugement à des héritiers collectivement, au domicile du défunt.

(Art. 507.) D'une réquisition aux Tribunaux de juger en la personne du Greffier.

(Art. 514.) De signification de la requête et du jugement qui admet une prise à partie.

(Art. 518.) De signification de la présentation de caution, avec copie de l'acte de dépôt au Greffe des titres de solvabilité de la caution.

(Art. 534.) De signification de l'ordonnance du Juge commis pour entendre un compte, et sommation de se trouver devant lui, aux jour et heure indiqués, pour être présent à la présentation et affirmation.

(Art. 557, 558 et 559.) D'un exploit de saisie arrêt ou opposition contenant énonciation de la somme pour laquelle elle est faite; et des titres ou de l'ordonnance du Juge.

(Art. 563.) De la dénonciation au saisi de la saisie-arrêt ou opposition avec assignation en validité.

(Art. 564.) De la dénonciation au tiers saisi de la demande en validité formée contre le débiteur saisi.

(Art. 570.) De l'assignation au tiers saisi pour faire sa déclaration.

(Art. 583-584.) D'un commandement pour parvenir à une saisie-exécution.

(Art. 602.) De la notification de la saisie-exécution faite hors du domicile du saisi et en son absence.

(Art. 606.) D'une assignation en référé à la requête du gardien qui demande sa décharge.

D'une sommation à la partie saisie pour être présente au récolement des effets saisis quand le gardien a obtenu sa décharge.

(Art. 608.) D'une opposition à vente, à la requête de celui qui se prétendra propriétaire des objets saisis entre les mains du gardien.

De dénonciation de cette opposition au saisissant et au saisi, avec assignation libellée et l'énonciation des preuves de propriété.

Le gardien ne peut être assigné.

(Art. 609.) D'une opposition sur le prix de la vente qui en contiendra les causes.

(Art. 612.) D'une sommation au premier saisissant de faire vendre.

(Art. 614.) D'une sommation à la partie saisie pour être présente à la vente qui ne serait pas faite au jour indiqué par le procès-verbal de saisie-exécution.

(Art. 626.) Pour l'original du commandement qui doit présider la saisie-brandon.

(Art. 628.) De dénonciation de la saisie-brandon au Garde champêtre, gardien de droit de ladite saisie, et qui ne sera pas présent au procès-verbal.

(Art. 636.) Pour l'original du commandement qui doit précéder la saisie de rentes constituées sur particuliers.

(Art. 659 et 660). D'une sommation aux créanciers de produire dans les contributions, et à la partie saisie de prendre communication des pièces produites, et de contredire s'il y échet.

(Art. 661.) D'une sommation à la partie saisie qui n'a point d'avoué constitué, à la requête du propriétaire, de comparaître en référé devant le Juge Commissaire pour faire statuer préliminairement sur son privilége, pour raison des loyers à lui dus.

(Art. 663.) De dénonciation à la partie saisie, qui n'a point d'avoué constitué, de la clôture du procès-verbal du Juge-Commissaire, en contribution, avec sommation d'en prendre communication et de contredire sur le procès-verbal dans la quinzaine.

Enfin, de tout exploit contenant sommation de faire une chose, ou opposition à ce qu'une chose soit faite, protestation de nullité et généralement de tous actes simples, du ministère des Huissiers, non compris dans la seconde partie du présent tarif:

A Paris. . . . . 2 f. » c.
Partout ailleurs. 1 50

Toujours pour chaque copie, le quart de l'original.

Plus, le transport, si toutefois transport il y a. (*Voyez page* 67.)

§. II.

Actes de seconde classe et Procès-Verbaux.

Pour l'original de la récusation du Juge de Paix, qui en contiendra les motifs, et qui sera signé par la partie ou son fondé de pouvoirs spécial, ainsi que la copie:

A Paris. . . . . . . 3 f. » c.
Partout ailleurs. . . . 2 25

Pour un procès-verbal de saisie-exécution qui durera trois heures, y compris le temps nécessaire pour requérir, soit le Juge de Paix, le Commissaire de police, les Maires et Adjoints, en cas de refus d'ouverture de porte:

A Paris, y compris 2 fr. pour chaque témoin . . . . 8 f. » c.

Partout ailleurs, y compris 1 f. 50 c. par chaque témoin. . . . 6 »

Si la saisie dure plus de trois heures, par chacune des vacations subséquentes aussi de trois heures:

A Paris. . . . . 5 f. » c.
Partout ailleurs. 3 75

Dans les taxes ci-dessus se trouvent comprises les copies pour la partie saisie et pour le Gardien.

Vacation de l'Huissier pour déposer au lieu établi dans les consignations ou entre les mains du dépositaire qui sera convenu, les deniers comptants qui pourraient avoir été trouvés:

A Paris. . . . . 2 f. » c.
Partout ailleurs. 1 50

Frais de Garde pendant les douze premiers jours:

A Paris. . . . . 2 f. 50 c.

Dans les villes où il y a un Tribunal de première instance . . . . . 2 f. » c.

Partout ailleurs . . . . . 1 »

Ensuite seulement à raison de.

A Paris. . . . . 1 »

Villes où siégent un Tribunal de première instance. . . . . » 80

Dans les autres endroits. . . » 60

Pour un procès-verbal de récolement des effets saisis, quand le Gardien a obtenu sa décharge:

A Paris. . . . . 3 f. » c.

Partout ailleurs. 2 25

Pour le procès-verbal de récolement qui précèdera la vente, et qui ne contiendra aucune énonciation des effets saisis, mais seulement de ceux en détail, s'il y en a, y compris les témoins:

A Paris. . . . . 6 f. » c.

Partout ailleurs. 4 50

(Art. 617 Code procéd.) S'il y a lieu au transport des effets saisis, l'Huissier sera remboursé de ses frais sur la quittance qu'il en représentera, ou sur sa simple déclaration si les voituriers et gens de peine ne savent écrire, ce qu'il constatera par son procès-verbal de vente.

Il est alloué à l'Huissier ou autre Officier qui procède à une vente mobilière;

Pour la rédaction de l'original du placard qui doit être affiché:

Partout. . . . . . . 1 f. »

Pour chacun des placards, s'ils sont manuscrits :

Partout. . . . . . . « f. 50

Et s'ils sont imprimés, l'Officier qui procèdera à la vente en sera remboursé sur la représentation des quittances de l'imprimeur et de l'afficheur.

Pour l'original de l'exploit qui constatera l'apposition des placards, dont il ne sera point donné de copie :

A Paris. . . . . . 3 f. » c.
Partout ailleurs . . . 2 25

Il sera passé en outre la somme qui aura été payée pour l'insertion de l'annonce de la vente dans un journal, si la vente est faite dans une ville où il s'en imprime.

Pour chaque vacation de trois heures à la vente, le procès-verbal y compris, il sera taxé à l'Huissier, dans les lieux où ils sont autorisés à la faire :

Dans les villes où il y a un Tribunal de première instance. . . . 5 f. » c.

Dans les autres villes et cantons ruraux. . . . . 4 fr. » c.

Si l'expédition du procès-verbal de vente est requise par l'une des parties, il sera alloué à l'Huissier ou autre Officier qui aura procédé à la vente, par chaque rôle d'expédition contenant vingt-cinq lignes à la page et dix à douze syllabes à la ligne :

A Paris. . . . . . . 1 f. » c.

Dans les villes où il y a un Tribunal de première instance . » 50

Partout ailleurs. . . . » 40

Pour la vacation de l'Huissier ou autre Officier qui aura procédé à la vente, pour faire taxer ses frais par le Juge, sur la minute de son procès-verbal :

A Paris. . . . . . . 3 f. » c.

Dans les villes où il y a un Tribunal de première instance . 2 »

Partout ailleurs. 1 50

Et pour consigner les deniers provenant de la vente :

A Paris. . . . . . . 3 f. » c.

Dans les villes où il y a un Tribunal de première instance. . 2 »

Partout ailleurs 1 50

Pour un procès-verbal de saisie-brandon (*saisie de récoltes sur pied*), contenant l'indication de chaque pièce, sa contenance et sa situation, deux au moins de ses tenants et aboutissants et la nature des fruits, quand il n'y sera pas employé plus de trois heures :

Dans les villes où il y a un Tribunal de première instance . . . . . 6 f. » c.

Partout ailleurs . . . . . 4 »

Et quand il y sera employé plus de trois heures, pour chacune des autres vacations, aussi de trois heures :

Dans les villes où il y a un Tribunal de première instance . . . . . 4 f. » c.

Ailleurs. . . . . . . 3 »

Pour les copies à délivrer à la partie saisie, au Maire de la commune et au Garde champêtre ou autre Gardien, par chacune, le quart de l'original.

Il est alloué pour frais de garde, soit au Garde champêtre, soit à tout autre Gardien qui pourrait être établi, aux termes de l'art. 628 du Code de procéd., pour chaque jour :

Partout. . . . . » f. 75 c.

Et à tout autre que le Garde champêtre 1 25

SAISIES IMMOBILIÈRES.

EXTRAIT

DE LA LOI DU 3 JUIN 1841 SUR LES VENTES JUDICIAIRES DE BIENS IMMEUBLES.

Honoraires dus aux Huissiers.

Il est alloué aux Huissiers ordinaires,

Pour l'original du commandement tendant à saisie immobilière :

A Paris.	2 f. » c.
Partout ailleurs	1 50

Pour chaque copie, le quart de l'original, plus le transport (*voy. page* 67) ;

Pour droit de copie de titre, par rôle contenant vingt lignes à la page et dix syllabes à la ligne, ou évalué sur ce pied :

A Paris.	» 25 c.
Dans le ressort	» 20

Pour l'original de l'assignation en référé,

De la demande en nullité de bail ;

De l'acte d'opposition entre les mains des fermiers ou locataires, ou de la simple sommation aux mêmes ;

De la signification aux créanciers inscrits de l'acte de la consignation faite par l'acquéreur en cas d'aliénation qui peut avoir lieu après saisie immobilière, sous la condition de consigner;

De la sommation à la partie saisie et aux créanciers inscrits, de prendre communication du cahier des charges;

De la signification du jugement d'adjudication;

De la demande en résolution qui doit être formée avant l'adjudication et notifiée au Greffe;

De l'exploit d'ajournement;

De la demande en distraction de tout ou partie des objets saisis immobilièrement contre la partie qui n'a pas Avoué en cause;

De l'acte d'appel qui doit être en même temps notifié au Greffe du Tribunal et visé par lui;

De la signification du bordereau de collocation avec commandement;

De la signification des jour et heure de l'adjudication sur folle enchère;

De la sommation à faire à l'ancien et au nouveau propriétaire, et, s'il y a lieu, au créancier surenchérisseur;

De l'avertissement qui doit être donné au subrogé-tuteur;

De la demande en partage :

A Paris. . . . . 2 f. » c.
Partout ailleurs 1 50

Pour un procès-verbal de saisie immobilière auquel il n'aura été employé que trois heures :

A Paris. . . . . 6 f. » c.
Ailleurs. . . . . . . 5 »

Et cette somme sera augmentée par chacune des vacations subséquentes qui auront pu être employées, de :

A Paris. . . . . 5 f. » c.
Dans le ressort . . . . 4 »

Pour la dénonciation de la saisie immobilière à la partie saisie :

A Paris. . . . . 2 f. 50 c.
Dans le ressort . . . . 2 »

Pour la copie de ladite dénonciation, le quart;

Pour l'original de l'acte contenant réquisition d'un créancier inscrit, à fin de mises aux enchères et adjudication publique de l'immeuble aliéné par son débiteur :

A Paris. . . . . 5 f. » c.
Ailleurs. . . . . 4 »

Et pour la copie, le quart;

Pour le procès-verbal d'apposition de placards dans toutes les ventes judiciaires, y compris le salaire de l'afficheur :

A Paris.	8 f.	» c.
Dans le ressort	6	»

Il ne sera rien alloué au-delà d'un demi-myriamètre, pour frais de voyage, qui ne pourra excéder une journée de cinq myriamètres (dix lieues environ), savoir, au-delà d'un demi-myriamètre, et jusqu'à un myriamètre pour aller et retour :

A Paris.	4 f.	» c.
Dans le ressort	4	»

Au-delà d'un myriamètre, il sera alloué par chaque demi-myriamètre, sans distinction, 2 fr.

Il sera taxé pour visa de chacun des actes qui y sont assujettis :

A Paris.	1 f.	» c.
Dans le ressort	»	75

Huissiers-Audienciers des Tribunaux de première instance.

Il est alloué aux Huissiers-Audienciers des Tribunaux de première instance (Cod. de proc. 659),

Pour la publication du cahier des charges:

A Paris.	1 f.	» c.
Dans le ressort	»	75

Lors de l'adjudication, y compris les frais de bougies que les Huissiers disposeront et allumeront eux-mêmes :

A Paris.	5 f.	» c.
Dans le ressort	3	75

Ce droit sera alloué à raison de chaque lot adjugé, quelle qu'en soit la composition, sans qu'il puisse être exigé sur un nombre de lots supérieur à six.

Lorsque, après l'ouverture des enchères, l'adjudication n'aura pas lieu, il sera alloué auxHuissiers, y compris les frais de bougies, et quel que soit le nombre des lots :

A Paris.	5 f.	» c.
Dans le ressort	3	75

Il est dû pour l'enregistrement de la plus grande partie des actes des Huissiers un droit de 2 fr. 20 c. Les citations devant la Justice de paix sont enregistrées au droit de 1 fr. 65 c.

Les Huissiers qui seront commis pour donner des ajournements, faire des significations de jugements et tous autres, ou procéder à des opérations, ne pourront prendre de plus forts droits que ceux énoncés au présent tarif, à peine de *restitution* et d'*interdiction*, quels que soient la Cour et le Tribunal auxquels ils sont attachés.

Les Huissiers qui omettent de mettre au bas de l'original (*l'exploit que l'Huissier délivre n'est autre chose que la copie de ce dernier*) et de chaque copie des actes de leur ministère la mention du coût d'icelui, peuvent, indépendamment de l'amende portée par l'article 67 du Code de procédure, être *interdits* de leurs fonctions sur la réquisition d'office des Procureurs Généraux et des Procureurs de la République.

DES JUGES DE PAIX.

ART. 1er. — Les Juges de paix connaissent de toutes actions purement personnelles ou mobilières, en dernier ressort jusqu'à la valeur de *cent francs*, et à charge d'appel jusqu'à la valeur de *deux cents francs*.

Ils connaissent jusqu'à la valeur de cent francs, et à charge d'appel, à quelque valeur que la demande puisse s'élever, des actions en paiement de loyers et fermages, des congés, des demandes en résiliation de baux, fondées sur le seul défaut de paiement des loyers ou fermages, des expulsions de lieux et des demandes en validité de saisie-gagerie ; le tout lorsque les locations verbales ou par écrit n'excèdent pas annuellement, à Paris, *quatre cents francs*, et partout ailleurs, *deux cents francs*.

Si le prix principal consiste en denrées ou prestations en nature, appréciables d'après les mercuriales, l'évaluation sera faite sur celles du jour de l'échéance, lorsqu'il s'agira du paiement des fermages ; dans les autres cas, elle aura lieu d'après les mercuriales du mois qui aura précédé la demande.

Si le prix principal du bail consiste en prestations non appréciables d'après les mercuriales, ou s'il s'agit de baux à colons partiaires, il déterminera la compétence, en prenant pour base du revenu de la propriété, le principal de la contribution foncière de l'année courante multipliée par cinq.

Ils connaissent, sans appel, jusqu'à la somme de *cent francs*, et à charge d'appel, jusqu'au taux de la compétence en dernier ressort des tribunaux de première instance :

1° Des indemnités réclamées par le locataire ou fermier pour non jouissance, du fait du propriétaire, lorsque le droit à une indemnité n'est pas contesté ;

2° Des dégradations et pertes dans les cas prévus par les art. 1732 et 1735 du Code civil.

Néanmoins, le Juge de paix ne connaît des pertes causées par incendie ou inondation, que dans les limites posées par l'art. 1er.

Les Juges de paix connaissent également sans appel, jusqu'à la valeur de 100 fr., et à charge d'appel, à quelque somme que la demande puisse s'élever :

1° Des actions pour dommages faits aux champs, fruits et récoltes, soit par l'homme, soit par les animaux, et de celles relatives à l'élagage des arbres ou haies, et au curage, soit des fossés, soit des canaux servant à l'irrigation des propriétés, et au mouvement des usines, lorsque les droits de propriété ou de servitude ne seront pas contestés ;

2° Des réparations locatives des maisons ou fermes, mises par la loi à la charge des locataires ;

3° Des contestations relatives aux engagements respectifs des gens de travail, au jour, au mois ou à l'année, et de ceux qui les emploient ; des maîtres et des domestiques ou gens de service à gages; des maîtres, et de leurs ouvriers ou apprentis, sans néanmoins qu'il soit dérogé aux lois et réglements relatifs à la juridiction des Prud'hommes;

4° Des contestations relatives au paiement des nourrices, sauf ce qui est prescrit par les lois et réglements d'administration publique à l'égard des nourrices de la ville de Paris et de toutes les autres villes;

5° Des actions civiles pour diffamations verbales, et pour injures publiques ou non publiques, verbales ou par écrit, autrement que par voie de la presse; des mêmes actions par rixes et voies de fait; le tout lorsque les parties ne se sont pas pourvues par la voie criminelle.

Les Juges de paix connaissent en outre à charge d'appel:

1° Des entreprises commises dans l'année sur les cours d'eau, servant à l'irrigation des propriétés et au mouvement des usines et moulins, sans préjudice des attributions de l'autorité administrative dans les cas déterminés par les lois et par les réglements.

Des dénonciations de nouvel œuvre, complainte, action en réintégrande et autres actions possessoires fondées sur des faits également connus dans l'année;

2° Des actions en bornage, de celles relatives à la distance prescrite par la loi, les réglements particuliers et l'usage des lieux, pour les plantations des arbres et des haies, lorsque la propriété ou les titres qui l'établissent ne sont pas contestés;

3° Des actions relatives aux constructions et travaux énoncés dans l'art. 674 du Code civil, lorsque la propriété ou la mitoyenneté du mur ne sont pas contestées;

4° Des demandes en pension alimentaire, n'excédant pas 150 fr. par an et seulement lorsqu'elles sont formées en vertu des articles 205, 206 et 207 du Code civil.

Les Juges de paix connaissent de toutes les demandes reconventionnelles ou en compensation qui, par leur nature ou leur valeur, sont dans les limites de leur compétence, alors même que, dans les cas prévus à l'art. 1er, les demandes réunies à la demande principale s'élèveraient au-dessus de 200 fr.

Ils connaissent en outre, à quelque somme qu'elles puissent monter, des demandes reconventionnelles en dommages-intérêts fondées exclusivement sur la demande principale elle-même.

Lorsque chacune des demandes principales reconventionnelles ou en compensation sera dans les limites de la compétence du Juge de paix en dernier ressort, il prononcera sans qu'il y ait lieu à l'appel. Si l'une de ces demandes n'est susceptible d'être jugée qu'à charge d'appel, le Juge de paix ne prononcera sur toutes qu'en premier ressort.

Si la demande reconventionnelle ou en compensation excède les limites de sa compétence, il pourra, soit retenir le jugement de la demande principale, soit renvoyer sur le tout à se pourvoir devant le Tribunal de première instance.

Lorsque plusieurs demandes formées par la même partie seront réunies dans une même instance, le Juge de paix ne prononcera qu'en premier ressort, si la valeur totale s'élève au-dessus de cent francs, lors même que quelques-unes de ces demandes seraient inférieures à cette somme.

Il sera incompétent sur le tout, si les demandes excèdent par leur réunion les limites de sa juridiction.

Dans le cas où la saisie-gagerie ne peut avoir lieu qu'en vertu de permission de justice, cette permission sera accordée par le Juge de paix du lieu où la saisie devra être faite, toutes les fois que les causes rentreront dans sa compétence.

S'il y a opposition de la part des tiers pour des causes et des sommes, qui réunies excéderaient cette compétence, le jugement en sera déféré aux Tribunaux de première instance.

L'exécution provisoire des jugements sera ordonnée dans tous les cas où il y a titre authentique, promesse reconnue, ou condamnation précédente dont il n'y a point appel.

Dans tous les cas, le Juge pourra ordonner l'exécution provisoire, nonobstant l'appel, sans caution, lorsqu'il s'agira de pension alimentaire, ou lorsque la somme n'excédera pas trois cents francs, et avec caution au-dessus de cette somme.

La caution sera reçue par le Juge de paix.

S'il y a péril en la demeure, l'exécution provisoire pourra être ordonnée sur la minute du jugement avec ou sans caution, conformément aux dispositions de l'article précédent.

L'appel des jugements des Juges de paix ne sera pas recevable, ni avant les trois jours qui suivront celui de la prononciation des jugements, à moins qu'il n'y ait lieu à l'exécution provisoire, ni après les trente jours qui suivront la signification à l'égard des personnes domiciliées dans le canton.

Les personnes domiciliées hors du canton auront pour interjeter appel, outre le délai de trente jours, le délai réglé par les art. 73 et 1033 du Code de procédure civile.

Ne sera pas recevable l'appel des jugements mal à propos qualifiés en premier ressort, ou qui, étant en dernier ressort, n'auraient point été qualifiés.

Seront sujets à l'appel les jugements qualifiés en dernier ressort, s'ils ont statué, soit sur des questions de compétence, soit sur des matières dont le Juge de paix ne pouvait connaître qu'en premier ressort.

Néanmoins, si le Juge de paix s'est déclaré compétent, l'appel ne pourra être interjeté qu'après le jugement définitif.

Les jugements rendus par le Juge de paix ne pourront être attaqués par la voie du recours en cassation que pour excès de pouvoir.

Tous les Huissiers du même canton auront le droit de donner toutes les citations et de faire tous les actes devant la Justice de paix. Dans les villes où il y a plusieurs justices de paix, les Huissiers exploitent concurremment dans le ressort de la juridiction assignée à leur résidence.

Tous les Huissiers du même canton sont tenus de faire le service des audiences, et d'assister le Juge de paix toutes les fois qu'ils en sont requis.

Les Juges de paix choisissent leurs Huissiers-Audienciers.

Dans les causes portées devant les Justices de paix, aucun Huissier ne pourra ni assister comme conseil, ni représenter les parties en qualité de procureur fondé, à peine d'une amende de 25 à 50 fr. qui sera prononcée sans appel par le Juge de paix, etc.

DELAI

POUR L'ENREGISTREMENT DES ACTES DES NOTAIRES, DES HUISSIERS, DES ACTES SOUS SEING-PRIVÉ ET JUDICIAIRES, ET DES DROITS A PERCEVOIR SUR LES DÉCLARATIONS DE SUCCESSION.

Les délais pour faire enregistrer les actes publics, sont, savoir :

De quatre jours pour ceux des Huissiers

et autres ayant pouvoir de faire des exploits et procès-verbaux ;

De dix jours pour les actes des Notaires qui résident dans la commune où le bureau d'enregistrement est établi ;

De quinze jours pour ceux des Notaires qui n'y résident pas ;

De vingt jours pour les actes judiciaires soumis à l'enregistrement sur les minutes, et pour ceux dont il ne reste pas de minute au greffe, ou qui se délivrent en brevet ;

De vingt jours aussi pour les actes des administrations centrales et municipales assujettis à la formalité de l'enregistrement.

Les testaments déposés chez les Notaires, ou par eux reçus, seront enregistrés dans les trois mois du décès des testateurs, à la diligence des héritiers, donataires, légataires ou exécuteurs testamentaires.

Les actes qui sont faits sous signature privée, tels que ventes, baux à ferme ou à loyer, sous-baux, cessions et subrogations de baux, doivent être enregistrés dans les trois mois qui suivent la date de ces actes.

Pour ceux des actes de ces espèces qui sont passés en pays étranger, ou dans les îles ou colonies françaises où l'enregistrement ne serait point encore établi, le délai est de six mois s'ils sont faits en Europe ; d'une année si c'est en Amérique, et de deux années si c'est en Asie ou en Afrique.

Il n'y a point de délai de rigueur pour l'enregistrement de tous autres actes sous signatures privées, mais il ne peut en être fait usage, soit par acte public, soit en justice, ou devant toute autre autorité constituée, s'ils n'ont été au préalable enregistrés.

Les délais pour l'enregistrement des déclarations que les héritiers, donataires ou légataires auront à passer des biens à eux échus ou transmis par décès, sont, savoir :

De six mois à compter du jour du décès, lorsque celui dont on recueille la succession est décédé en France ;

De huit mois, s'il est décédé dans toute autre partie de l'Europe ;

D'une année, s'il est mort en Amérique ;

Et de deux années, si c'est en Afrique ou en Asie.

Le délai de six mois ne courra que du jour de la mise en possession, pour la succession d'un absent; celle d'un condamné, si ces biens sont séquestrés; celle qui aurait été séquestrée pour toute autre cause ; celle d'un défenseur de la patrie, s'il est mort en activité de service hors de son département, ou enfin celle qui serait recueillie par indivis avec la nation.

Si, avant les derniers six mois des délais fixés pour les déclarations des successions de personnes décédées hors de France, les héritiers prennent possession des biens, il ne restera d'autre délai à courir, pour passer déclaration, que celui de six mois, à compter du jour de la prise de possession.

Dans les délais fixés par les articles précédents pour l'enregistrement des actes et des déclarations, le jour de la date de l'acte ou celui de la succession ne sera point compté.

Si le dernier jour du délai se trouve être un dimanche ou un jour de fête nationale, ou s'il tombe un autre jour férié, ces jours-là ne seront point payés non plus.

Ainsi, les Notaires, Huissiers, Greffiers et autres fonctionnaires qui auraient oublié de faire enregistrer leurs actes dans les délais ci-dessus fixés, seraient passibles de payer le double droit.

Il en serait de même pour les actes sous signature privée et les déclarations de succession.

DROITS A PAYER POUR UNE DÉCLARATION DE SUCCESSION.

Pour les Biens Immeubles.

En ligne directe . . . . . 1 f. %

D'un époux à un autre époux par donation ou testament. . . . . 3 f. %

Des frères et sœurs à des frères et sœurs et descendants d'iceux, successions de neveux et nièces, petits-neveux et petites-nièces, dévolues à des oncles et tantes, grands-oncles et grandes-tantes, et autres parents au degré successible (c'est-à-dire jusqu'au douzième inclusivement). . . . . 5 f. %

Entre toutes autres personnes . . . . 7 f. %

Il est dû en plus le dixième.

Pour les Biens Meubles.

En ligne directe. . . . . » f. 25 c. %

Entre époux. . . . . . 1 f. 50 c. %
Entre frères, sœurs, oncles, tantes, neveux et nièces, et autres parents au degré successible . . . . 2 50 %
Entre toutes autres personnes . . . . 5 50 %
Plus, le dixième.

DES ACTES SOUS SIGNATURE PRIVÉE.

La loi autorise les actes sous seing privé, et leur confère le droit d'exécution lorsqu'ils sont rédigés, par des personnes capables, dans les formes et dans les termes qui les rendent obligatoires entre les parties contractantes; nous leur offrons quelques modèles de plusieurs espèces d'actes que les propriétaires, les cultivateurs et les commerçants peuvent le plus souvent passer entre eux.

L'acte sous seing privé, reconnu par celui auquel on l'oppose, ou légalement tenu pour reconnu, a, entre ceux qui l'ont souscrit, et entre leurs héritiers ou ayants-cause, la même foi que l'acte authentique (Code civil, art. 1322).

Celui auquel on oppose un acte sous seing

privé, est obligé d'avouer ou de désavouer formellement son écriture ou sa signature.

Ses héritiers ou ayants-cause peuvent se contenter de déclarer qu'ils ne connaissent point l'écriture ou la signature de leur auteur (Code civil, art. 1323).

Dans les cas où la partie désavoue son écriture ou sa signature, et dans le cas où ses héritiers ou ayants-cause déclarent ne les point connaître, la vérification en est ordonnée par justice (*Ibid.* art. 1324).

Les actes sous seing privé qui contiennent des conventions synallagmatiques ne sont valables qu'autant qu'ils ont été faits en autant d'originaux qu'il y a de parties ayant un intérêt distinct.

Il sufit d'un original pour toutes les personnes ayant le même intérêt.

Chaque original *doit contenir* la mention *du nombre* des originaux qui ont été faits.

Néanmoins, le défaut de mention que les originaux ont été faits doubles, triples, etc., ne peut être opposé par celui qui a exécuté de sa part la convention portée dans l'acte (Code civ., art. 1325).

Les actes sous seing privé n'ont de date certaine contre les tiers que du jour où ils ont été enregistrés, du jour de la mort de celui ou de l'un de ceux qui les ont souscrits, ou du jour où leur substance est constatée dans des actes dressés par des officiers publics, tels que procès-verbaux de scellés ou d'inventaire.

MODÈLES

De quelques principaux Actes sous signature privée.

ANIMAUX (FORMULE D'ACTE D'ÉCHANGE.)

Entre nous, soussignés, A (*nom, prénoms, profession et demeure*).

Et B (*mettre également les nom, prénoms, profession et demeure*).

Moi, A . . . . . ., cède et délaisse au sieur B . . . . . ., à titre d'échange, avec garantie de tous vices redhibitoires et de revendication, un cheval âgé de . . . . (*mettre le nombre d'années*), sous poil . . . . . (ou tout autre animal de trait ou de monture).

Et moi, B . . . . ., cède et délaisse

de mon côté, en contre-échange, au sieur A . . . . . ., sous la même garantie par lui stipulée, un cheval, etc., âgé de . . . . sous poil . . . . .

Le présent échange est fait moyennant la somme de . . . ., que ledit sieur A. . . . . a payé à moi B . . . . comptant, et dont je le tiens quitte et déchargé.

Fait et signé double, entre nous, après lecture, à (*mettre le nom de l'endroit*), ce (*date*) 185 .

BAUX A LOYER ET A FERME.

Avant de passer aux formules de Baux, nous croyons devoir donner quelques explications sur les Baux *à loyer et à ferme*, sur la *forme du contrat*, sur les *obligations du bailleur*, sur *celles du preneur*, sur la *cessation du bail*, sur la *résolution du bail*, sur *les indemnités*, etc., etc.

Ces deux espèces de Baux (*Baux à loyer et à ferme*) ont des règles communes et relatives à la forme de la convention, aux obligations du bailleur et à celle du preneur, et à la résolution du contrat.

§. Ier.

Forme du Contrat.

Le contrat de louage, comme celui de vente, n'exige aucune espèce de formalité : on peut louer par écrit ou verbalement; mais il faut observer que, s'il n'y a point d'écrit et qu'il y ait contestation sur l'existence du Bail non encore commencé, la preuve du contrat ne peut se faire par témoins, quelque modique qu'en soit le prix, et quand même on allèguerait qu'il y a eu des arrhes donnés. Dans ce cas, celui qui soutient l'existence du bail n'a d'autre ressource que de déférer le serment au défendeur: cette disposition est fondée sur les inconvénients particuliers de la preuve testimoniale dans une matière qui réclame de promptes solutions. Si le bail n'est pas désavoué, mais qu'il y ait contestation sur le prix, et qu'il n'existe pas de quittance, le preneur a le choix, ou de déférer le serment au bailleur, ou de demander l'estimation par experts, sauf à payer les frais de l'expertise si l'estimation excède le prix qu'il a déclaré dans le principe.

§. II.

Obligations du Bailleur.

Après avoir déterminé ce qui peut faire l'objet d'un Bail et comment il peut être constaté, il fallait tracer les obligations respectives des parties; le bailleur doit délivrer la chose louée, entretenir cette chose en bon état, et garantir le preneur de tout trouble et éviction.

De l'obligation de délivrer résultent les conséquences suivantes:

1° Si le bailleur se trouve hors d'état de faire la délivrance, il est soumis à des dommages-intérêts envers le preneur, à moins que la chose n'ait péri par un cas fortuit ou de force majeure;

2° La délivrance doit se faire aux frais du bailleur;

3° En cas de refus ou de retard, le preneur peut se faire autoriser par justice à se mettre en possession, et même obtenir des dommages-intérêts;

4° La chose doit être livrée, avec tous

ses accessoires et en bon état, sans quoi la délivrance serait illusoire, puisque le preneur ne pourrait l'employer à sa destination;

5° Le bailleur est garant envers le preneur de tous les vices ou défauts de la chose louée qui pourraient nuire à son usage, quand même il ne les aurait pas connus au moment du bail;

6° Enfin, si la chose, par ses défauts, se trouve hors d'état de servir à l'usage auquel elle était destinée, le preneur peut demander la résiliation du bail.

De l'obligation d'entretenir en bon état la chose louée, il faut conclure avec la loi que le bailleur n'a pas le droit, dans le cours de la location, d'y apporter un changement nuisible à la jouissance du preneur; par exemple, il ne peut élever, soit dans la maison donnée à bail, soit dans une maison voisine dont il serait également propriétaire, des constructions capables de priver son locataire des jours qu'il possède et qui lui sont nécessaires pour l'exercice de sa profession. Le bailleur doit non-seulement laisser les lieux dans l'état où ils ont été acceptés par le preneur, mais encore les y maintenir, et par conséquent y faire, au besoin, toutes les réparations convenables; de son côté, le preneur est tenu de les supporter, si elles sont urgentes, quelque incommodité qu'elles lui causent, et quoique pendant qu'elles se font, il soit privé d'une partie de la chose louée, pourvu toutefois que ces réparations ne durent pas plus de *quarante jours*. Cette règle a été avec raison adoptée par la loi, parce que le locataire, en acceptant ce bail, a dû prévoir que la chose louée exigerait des réparations, qu'elles lui occasionneraient de l'embarras, et que cependant il serait nécessaire d'y pourvoir. Mais, si les réparations se prolongent au-delà de quarante jours, la loi ne présumant plus que le locataire ait entendu subir une si longue privation, elle l'autorise à réclamer une diminution de loyer proportionnelle à la durée du trouble. Dans le cas enfin où les réparations sont telles qu'elles rendent inhabitables ce qui est nécessaire au logement du preneur et de sa famille, et dans celui de destruction totale de la chose louée, le bail est de plein droit anéanti. Si cependant la destruction n'est que partielle, le preneur peut, selon les circonstances, demander ou une diminution de loyer ou la diminution de sa location. Quant à la garantie de la jouissance, il faut distinguer: si le trouble est le fait direct ou indirect du bailleur, il doit, sans aucun doute, le faire cesser; le preneur, en effet, ne faisant que jouir, et le bailleur restant toujours possesseur, c'est contre ce dernier que doivent être dirigées les actions de ceux qui prétendent, soit à la propriété, soit à la possession de la chose louée; mais si, au contraire, le trouble est le fait de tiers, qui ne prétendent d'ailleurs à aucun droit sur la chose, le preneur doit alors se défendre en son nom, car c'est lui seul qui est attaqué, c'est à sa jouissance personnelle qu'il a été porté atteinte.

§. III.

Obligations du Preneur.

Le preneur est tenu de trois obligations principales; la première, de payer le prix de la location, aux termes expressément ou tacitement convenus; la seconde, d'user de la chose louée suivant la destination donnée par le Bail, ou présumée d'après les circonstances; le locataire d'une maison ne peut, par exemple, y établir une forge, s'il n'y en a pas eu auparavant, à moins que sa profession, connue lors de sa location, n'ait dû faire présumer qu'il la destinait à cet usage. La troisième obligation du preneur est d'user de la chose louée en bon père de famille; ainsi, le fermier d'une métairie doit façonner les terres en saison convenable, et non pas détourner les fumiers et les pailles qui sont destinés à l'engrais. Enfin, le preneur doit rendre la chose telle qu'il l'a reçue. Si un état des lieux a été dressé (*ce que nous engageons toujours à faire*) c'est cet état qui règle son obligation; à son défaut, il est présumé avoir reçu les lieux en bon état, sauf la preuve contraire. Il n'est pas tenu seulement des dégradations qui arrivent par son fait, mais encore de celles occasionnées par celui des personnes de sa maison, et il répond spécialement de l'incendie, s'il ne prouve pas qu'il soit arrivé par cas fortuit, ou force majeure, ou par vice de construction, ou que le feu a été communiqué par une maison voisine. Lorsqu'il y a plusieurs locataires, ils sont tous solidairement responsables de l'incendie. Un célèbre jurisconsulte (Pothier) ainsi que beaucoup d'autres pensaient qu'au moyen de l'incertitude, la présomption de fautes qui doit servir de base à la garantie, ne s'élevait contre personne. Le Code civil a admis l'opinion contraire; mais l'art. 1734 a suffisamment satisfait à la sécurité des locataires en décidant que s'ils prouvent que l'incendie a consumé l'habitation de l'un d'eux, celui-là seul est tenu de la garantie; et qu'en outre ceux-là ne sont aucunement responsables qui justifient que l'incendie n'a pu commencer chez eux.

§. IV.

Cession du Bail.

Lorsque le Bail a été fait sans écrit, et sans terme fixé, il cesse au gré de chacune des parties, à la charge, par celle qui donne congé à l'autre, d'observer les délais d'usage; mais quand il y a un terme fixé, le Bail finit de plein droit à son expiration, sans qu'il soit nécessaire de donner congé. Si cependant le preneur ne sort pas et que le bailleur néglige de l'expulser, alors on suppose aux deux parties l'intention de continuer la location, et il s'opère de droit entre elles un nouvel engagement, entièrement conforme au premier, quant aux conditions; mais sans terme comme sans écrit, et sans que les hypothèques et l'engagement des cautions, s'il y en a, continuent. C'est ce qu'on appelle la *tacite* reconduction. Le contrat de louage cesse encore par la *perte de la chose louée* et par la résiliation que l'une ou l'autre des parties peut en demander, à défaut d'exécution des engagements contractés.

Contrairement à l'ancienne Jurisprudence, le Code civil maintient le Bail fait au preneur, malgré la vente de l'immeuble loué, et se borne à mettre les acquéreurs à l'abri de Baux supposés, en déclarant que le locataire ne peut se maintenir qu'en produisant un Bail authentique ou dont la date est certaine. Le principe posé, la loi prévoit le cas, bien rare sans doute, où le Bail contiendrait la réserve du droit d'expulsion, en faveur de l'acquéreur, et elle assure au locataire un délai pour sortir des lieux et une indemnité qui lui est payée par le bailleur ou par le nouveau propriétaire, en son acquit: cette indemnité est du tiers du prix du Bail, pour tout le temps qui en reste à courir, s'il s'agit de biens ruraux: et, s'il s'agit d'une maison, d'une somme égale au prix du loyer pendant le temps qui, suivant l'usage des lieux, est accordé entre le congé et la sortie.

Enfin, lorsque la vente est à faculté de rachat, la loi interdit à l'acquéreur le droit d'expulser le preneur, jusqu'à ce qu'il soit devenu propriétaire incommutable.

Conformément au principe que toute personne stipule pour elle et ses héritiers, le Bail n'est résilié ni par la mort du bailleur, ni par celle du preneur.

Règles particulières aux Baux à loyer.

§. Ier.

Obligation des parties.

Les dispositions particulières aux baux à loyer forment le complément des règles générales comprises sous la section première.

La loi s'occupe d'abord de garanties dues aux propriétaires; ainsi, le locataire d'une maison doit la garnir de meubles suffisants pour répondre du loyer, sinon, il peut être expulsé, à moins qu'il ne donne d'autres sûretés; c'est à l'usage à déterminer la proportion qui doit exister entre la valeur des meubles et les loyers tant échus qu'à échoir. En sous-louant, le locataire ne peut pas porter atteinte aux droits du propriétaire, et celui-ci doit trouver dans les sous-locataires une garantie équivalente à celle que lui présenterait l'occupation du preneur direct; le sous-locataire n'est tenu néanmoins que jusqu'à concurrence du prix de sa sous-location, et seulement pour ce qu'il en peut devoir à l'instant de la saisie faite entre ses mains; en conséquence, tout paiement par anticipation qu'il aurait fait au principal locataire en vertu d'une stipulation de son bail, ne saurait être critiqué par le propriétaire. Le locataire est tenu des réparations locatives, quand elles ne sont occasionnées ni par vétusté, ni par force majeure; ces réparations sont celles désignées comme telles par l'usage des lieux, et entre autres celles à faire aux âtres, contre-cœurs, chambranles et tablettes de cheminée, au récrépiment du bas des murailles des appartements et autres lieux d'habitation, à la hauteur d'un mètre; aux pavés et carreaux des chambres, s'il y en a seulement quelques-uns de cassés; car, si tous l'étaient, on présumerait qu'il y a vétusté, sauf la preuve contraire; aux portes; croisées, planches de cloisons, fermetures de boutiques, gonds, targettes et serrures. (Code civ., art. 1714—1753.)

§. II.

Résolution du Bail.

La location d'un appartement meublé est censée faite à l'année, au mois ou au jour, suivant que le prix a été fixé à raison de tant par an, par mois ou par jour, et, à défaut de stipulation à cet égard, suivant l'usage des lieux ; si des meubles ont été loués à l'effet de garnir une maison, corps-de-logis, boutique ou autres appartements, le Bail, à moins d'une stipulation contraire, est censé fait pour la durée ordinaire des baux de maisons, corps-de-logis, boutique ou autres appartements, d'après l'usage des lieux. Lorsque la résiliation est prononcée contre le locataire, il est tenu, indépendamment des dommages-intérêts, de payer le prix du Bail pendant le temps nécessaire à la relocation.

Le bailleur ne peut résoudre la location, lors même qu'il déclare vouloir occuper par lui-même la maison louée : cette disposition abroge un usage ancien qui permettait au propriétaire de résilier le bail, lorsqu'il voulait occuper personnellement sa maison.

Règles particulières aux Baux à ferme.

§. Ier.

Obligation des parties.

Le droit de sous-location ou de cession de Bail est limité, à l'égard du colon qui cultive sous la condition d'un partage de fruits avec le bailleur; ce droit ne lui est attribué qu'autant qu'il lui a été expressément réservé, à la différence du fermier ou du locataire d'une maison, qui ne peuvent en être privés que par une clause formelle; et si le colon contrevient à cette prohibition, le Bail peut être résilié avec dommages-intérêts. La raison de cette différence résulte de ce que le colon partiaire est une sorte d'associé, et qu'il est de principe en matière de société, que personne n'y peut être introduit sans le consentement de tous les associés. Il n'y a lieu à aucun supplément de prix, pour excédant de contenance, ni à aucune diminution pour déficit de mesure, qu'autant que la différence de la mesure réelle à celle exprimée au Bail se trouve d'un vingtième en plus ou en moins. Une disposition spéciale pourvoit au moyen de garantir au propriétaire une culture convenable; il est statué, dans cette vue, que, si le preneur d'un héritage ne le garnit pas de bestiaux et ustensiles nécessaires à son exploitation; s'il abandonne la culture, s'il ne cultive pas en bon père de famille, s'il emploie la chose à un autre usage que celui auquel elle est destinée, ou en général s'il n'exécute pas les clauses du Bail, et qu'il en résulte un dommage pour le bailleur, celui-ci peut, selon les circonstances, faire résilier le Bail. Quant aux droits du propriétaire pour la perception de ses fermages ou de sa part dans les produits de la métairie, ils sont suffisamment garantis par l'obligation imposée au preneur d'engranger dans les lieux déterminés par le Bail. Le preneur doit prévenir le bailleur des usurpations qui pourraient être commises sur le fonds.

§. II.

Des indemnités.

Deux principes ont ici servi de guide au législateur: le premier, que le contrat de louage est une espèce de vente de fruits futurs qui ne se réalise qu'autant que des fruits viennent à naître; le second, que cette vente n'est pas celle particulière des fruits de chaque année du Bail, mais celle de la masse des fruits de toutes les années qu'il embrasse. Le fermier peut être chargé des cas fortuits par une stipulation expresse, mais cette stipulation ne s'entend que des cas fortuits ordinaires, tels que grêle, feu du ciel, gelée ou coulure, et non des cas extraordinaires, tels que les ravages de la guerre ou une inondation, à moins qu'elle ne comprenne tous les cas prévus ou imprévus. Quand le preneur n'a pas été chargé par le Bail des cas fortuits, il doit en être indemnisé; ainsi, lorsque le Bail est fait pour plusieurs années et que, pendant sa durée, la totalité ou la moitié d'une récolte se trouve perdue, le fermier peut demander une remise de prix de sa location; mais cette remise n'a lieu qu'à la fin du Bail, époque à laquelle il se fait une juste compensation de toutes les années de jouissance. Cependant comme, en attendant, il faut venir au secours du fermier, les juges peuvent provisoirement le dispenser de payer une partie de son prix. Si, au contraire, le Bail n'est que d'une année, le fermier est déchargé d'une partie du prix de sa location, pourvu que la perte soit au moins de la moitié des fruits; au reste, il ne peut en aucun cas obtenir de remise que quand la perte des fruits arrive avant qu'ils soient séparés de la terre, parce que c'est jusque-là seulement qu'ils font partie du sol, et restent avec lui aux risques du propriétaire. Il est néanmoins un cas où la perte des fruits coupés tombe en partie sur le bailleur: c'est celui où le Bail donne au propriétaire une quantité de la récolte en nature. Enfin, le fermier ne peut demander de remise lorsque la cause du dommage existait et lui était connue au moment où le Bail a été passé.

§. III.

Exécution du Bail.

En général, le bail sans écrit est censé fait pour le temps nécessaire, afin que le preneur recueille tous les fruits; et il finit de droit à cette époque sans qu'il soit besoin de congé; cependant, si le preneur reste et est laissé en possession, il s'opère un nouveau bail en tout conforme au premier pour les conditions, le prix et la durée. Enfin, comme il est de l'intérêt du propriétaire et même de l'intérêt public que la culture des terres ne soit pas un instant entravée, deux obligations sont imposées au fermier sortant : la première, de laisser au fermier qui lui succède le logement et autres facilités pour les travaux de l'année suivante ; la seconde, de lui abandonner les pailles et engrais de l'année, s'il les a reçus à son entrée en jouissance ; et même, s'il ne les a pas reçus, de les rendre au propriétaire au prix de l'estimation.

FORMULE DE BAUX.

BAIL A LOYER.

Entre M. A. (*prénoms, nom, profession et demeure.*)

Et M. B. (*Idem comme pour A.*)

A été convenu ce qui suit :

M. A. donne à loyer, pour trois, six ou neuf années, au choix respectif des parties, qui commenceront à courir le (*Indiquer le jour où commence la jouissance*) pour finir

(*Indiquer l'époque de la fin du bail*) une maison sise à (*Indiquer le lieu.*) consistant (*Indiquer le nombre de pièces*) sans en rien excepter ni réserver, le preneur déclarant la bien connaître et n'en pas désirer une plus longue désignation.

M. A. s'oblige de faire jouir le preneur de cette maison et de ses dépendances pendant la durée du bail, et il promet de la tenir close et couverte pendant le même temps.

De son côté, M. B. s'oblige d'exécuter toutes les clauses, charges et conditions suivantes, sans pouvoir prétendre à aucune diminution du loyer ci-après fixé, savoir :

1° De garnir cette maison, et de la tenir garnie, pendant la durée du bail, de meubles et effets suffisants pour répondre du loyer;

2° De l'entretenir, pendant le même temps, et de la rendre, à fin de Bail, en bon état de réparations locatives ;

3° De souffrir les grosses réparations qu'il conviendrait d'y faire pendant la durée du bail, sans indemnité, lors même qu'elles dureraient plus de quarante jours;

4° De payer l'impôt des portes et fenêtres, et de satisfaire aux charges de ville et de police dont les locataires sont ordinairement tenus;

5° De ne pouvoir sous-louer, ni céder son droit au bail, en tout ou en partie, sans le consentement exprès ou par écrit du bailleur.

Le présent bail est fait moyennant un loyer annuel de (*mettre la somme en toutes lettres*) que M. B..... s'oblige de payer à M. A....., en sa demeure, en quatre termes ou paiements égaux et par trimestre; le premier paiement sera exigible le (*préciser la date*); le second, trois mois après, et ainsi de suite jusqu'à fin de bail.

Celle des parties qui voudra donner congé à l'autre, sera tenue de la prévenir trois mois d'avance avant l'expiration de chaque période de trois ans.

Fait double et signé après lecture, à (*l'endroit*) ce (*la date, qui doit être mise en toutes lettres*.

ENREGISTREMENT.

L'enregistrement se perçoit sur les prix cumulés de toutes les années du bail, à raison de 20 centimes par 100 fr., plus le décime; ainsi supposons que le Bail ci-dessus ait été consenti pour un prix annuel de 1,000 fr., on perçoit le droit sur 9,000 fr., ce qui fait dix-huit francs, le dixième non compris.

Il est très-utile qu'un Bail soit enregistré, car si un créancier du propriétaire fait saisir la maison, l'acte n'ayant pas date certaine, le créancier ou l'adjudicataire peuvent en demander la nullité.

BAIL A FERME.

Entre M. A... (*mettre ici les prénoms, nom, profession et demeure*),

Et M. B... (*comme pour A*)...

A été convenu ce qui suit :

M. A... donne à bail à ferme, pour (*exprimer la durée*) neuf années, et pour la récolte entière de tous les fruits qui peuvent être perçus et recueillis pendant ces neuf années qui commenceront au premier octobre prochain, à M. B..., qui l'accepte,

La ferme de (*indiquer les nom, désignation et commune où elle se trouve située*) en toutes circonstances et dépendances, composée de maison pour la demeure du fermier, grange, écurie, étable, bergerie, sellier, d'une contenance d'environ (*mettre le nombre d'hectares*), tant en terres labourables que prés et bois.

Ces biens sont donnés et reçus tels qu'ils se poursuivent et comportent, sans exception ni réserve, mais aussi sans garantie de mesure, lors même que la différence excéderait un vingtième.

M. A... s'oblige de faire jouir le preneur pendant lesdites neuf années, de ladite ferme et de ses dépendances, et de tenir les bâtiments clos et couverts.

Et de son côté, M. B..; s'oblige d'exécuter et accomplir les charges, clauses et conditions suivantes, sans prétendre à aucune diminution des fermages ci-après fixés :

1° De garnir ladite ferme et de la tenir constamment garnie de meubles, de grains, de fourrages, de bestiaux et d'ustensiles aratoires, en quantité suffisante pour répondre des fermages;

2° D'entretenir les bâtiments de réparations locatives, et de les rendre à l'expiration du bail en bon état de réparation et conformément à l'état de lieux fait par acte séparé du présent;

3° De souffrir les grosses réparations qu'il conviendrait de faire, lors-même qu'elles dureraient plus de quarante jours, sans indemnité, et de faire les charrois pour le transport des matériaux nécessaires à ces réparations;

4° De labourer, fumer et ensemencer la terre par soles et saisons convenables, sans pouvoir les dessoler ni dessaisonner;

5° De convertir toutes les pailles en fumier pour l'engrais desdites terres, sans pouvoir en distraire ni vendre aucune partie, et de laisser, à la fin du bail, au fermier entrant, toutes celles qui s'y trouveront;

6° De tenir les prés en bonne nature de fauche; d'entretenir la clôture de ceux qui sont clos; de planter de nouvelles haies partout où il en pourra manquer, et de récurer les fossés quand ils en auront besoin;

7° De bien façonner et cultiver les vignes, suivant les usages des lieux;

8° De planter, à la place de ceux qui sont morts, déracinés ou cassés par les vents, les pommiers ou poiriers complantés sur ladite ferme, sauf au preneur à profiter de ces arbres pour son usage;

9° De veiller à ce qu'il ne soit fait aucun empiètement ou usurpation sur les biens affermés, et d'avertir sur-le-champ le bailleur de tous ceux qui pourraient y être faits, ainsi que de tous les dégats qui pourraient y être commis, à peine d'en être responsable en son propre et privé nom;

10° De payer, en sus des fermages, l'impôt foncier desdits biens pendant la durée du bail.

11° De ne pouvoir demander ni prétendre aucune diminution du prix et des charges du présent bail, pour cause de grêle, gelée, inondation, stérilité ou autres cas prévus ou imprévus, à laquelle le preneur renonce dès à présent;

12° De rendre tous les biens au bailleur, à l'expiration du bail, en bon état de culture et de labourage.

(S'il y a des faisances, les mettre ici par un article à part.)

Le présent bail est fait moyennant un fermage annuel de (*mettre la somme en toutes lettres*), que le preneur s'oblige de payer en deux (*ou trois, ou quatre*) paiements égaux, de six en six mois, à partir de son entrée en jouissance, en bonnes espèces d'or ou d'argent, au cours actuel, et non autrement, nonobstant toutes lois et ordonnances qui pourraient introduire le papier-monnaie, à M. A... et en son domicile.

Pour plus de sûreté de ces paiements et

l'exécution des autres charges, clauses et conditions du présent bail, le preneur se soumet à la peine de la contrainte par corps.

Fait double et de bonne foi entre les parties, et signé après lecture à (*l'endroit*), le (*la date du mois et de l'année*).

Chaque partie signe, en faisant précéder sa signature de ces mots: *Approuvé l'écriture ci-dessus.*

Le droit d'enregistrement est le même que pour l'acte précédent, c'est-à-dire toujours 20 c. par cent francs, plus le décime.

Modèle d'une procuration générale.

Je soussigné, A... (*indiquer les nom, prénoms, profession et domicile*),

Donne par le présent, pouvoir au sieur B.. (*indiquer comme ci-dessus*), que je constitue pour mon mandataire général, à l'effet de, pour moi et en mon nom, régir et administrer tous mes biens, en recevoir les revenus, loyers et fermages; donner congé aux locataires ou fermiers en retard de paiements, renouveler, aux prix et pour le temps qu'il jugera le plus convenable à mes intérêts, les baux des locataires ou fermiers sortant ou expulsés; veiller à l'exécution des clauses et conditions spécifiées dans les baux existants et renouvelés; recevoir rentes, arrérages de rentes, remboursements, pensions et toutes sommes généralement quelconques, à moi dues par telles personnes que ce soit, régler, débattre et arrêter tous comptes qui me concernent; faire remise de pièces et titres, donner reçus, quittances et décharges; emprunter de telles personnes qu'il voudra, en mon nom, jusqu'à concurrence de la somme de (*indiquer la somme*) à raison de cinq pour cent par an, pour (*mettre le nombre d'années*) ans, soit par billets, obligations, promesses, constitutions ou autrement, donner garantie et hypothèque sur tel de mes biens qu'il avisera; vendre, céder, transporter, échanger la maison, *ou* la ferme, *ou* la terre (*les désigner*) comme il le croira convenable; employer les fonds provenant de recette de loyers, fermages, revenus, rentes, remboursements, emprunts, ventes, legs, donations ou autrement, à tel paiement qu'il estimera nécessaire pour mes intérêts; accepter, recevoir tous legs ou donations qui pourraient m'être faits, en donner quittance et décharge, recueillir toutes successions qui pourraient m'écheoir; faire apposer les scellés, s'il y a lieu, sur les effets provenant de pareilles successions, en faire faire inventaire, ou être présent à la levée de ceux qui auraient été apposés et à leur inventaire; faire toute opposition auxdits scellés; présenter tous soutiens et observations; accepter purement et simplement toute succession, ou ne l'accepter que par bénéfice d'inventaire, renoncer pareillement à toute succession; faire lots et partage avec tous cohéritiers; et pour tout ce que dessus, faire saisie-arrêt, opposition, saisie-exécution de meubles et effets, expropriation de biens et autres poursuites et diligences voulues par la loi; citer en conciliation; traduire devant les juges de paix, les tribunaux de première instance et d'appel; fonder, révoquer avoué et défenseur, substituer une ou plusieurs personnes, les révoquer à volonté, en substituer d'autres; élire domicile; procéder en demandant comme en défendant, soit en conciliation, soit devant les tribunaux, obtenir tous jugements, les faire mettre à exécution; transiger, traiter et compromettre comme il avisera, et pour toutes poursuites en général, faire tous paiements nécessaires.

Promettant d'avoir le tout pour agréable et le ratifier, et de ratifier séparément chacune des parties du présent lorsque j'en serai requis.

Fait à (*indiquer l'endroit*), ce (*mettre la date du mois et de l'année*).

(*Suit la signature.*)

Modèle de procuration spéciale.

Je soussigné, A..., donne par le présent pouvoir à M. B...

De, pour moi et en mon nom, (*Désigner l'objet et le motif de la procuration*).

Promettant d'avoir pour agréable et de ratifier à sa volonté tout ce qu'il aura fait à cet égard.

Fait à...., ce...., 18 .

Modèle de quittance simple d'une somme payée.

Je soussigné, A..:, reconnais avoir reçu de M. B... la somme de...:. que ledit sieur B.... me devait en vertu de (*ou bien pour fournitures de*) (*ou bien encore pour solde de*) de

laquelle somme je le tiens quitte et décharge.
Fait à..., ce...

(*Suit la signature.*)

Modèle d'une Quittance de loyer.

Je soussigné A..., propriétaire, *ou* principal locataire de la maison... *ou* ferme, *ou* moulin, (*faire cette désignation*) reconnais avoir reçu du sieur B..., locataire *ou* fermier, la somme de... pour trois *ou* six mois de loyer *ou* fermages échus, le (*la date*), de ladite maison (*ou ferme ou* moulin) qu'il tient de moi, en vertu d'un Bail, en date du (*la date*), dont quittance pour solde dudit loyer (*ou* fermage) jusqu'à ce jour, et ce, sans préjudice du terme courant.

Fait à. . . . . , ce. . . . . 18 . (*La date en toutes lettres.*)

Suit la signature.

Modèle de quittance d'intérêts d'une somme prêtée sur hypothèque et par acte authentique.

Il arrive souvent que le Notaire qui a négocié le placement d'une somme, stipule dans son acte que le prêteur fait élection de domicile dans son étude, et que c'est en cet endroit que le remboursement du capital et le paiement de ses intérêts devront avoir lieu ; alors la Quittance doit être conçue en ces termes ;

Je soussigné (*nom, prénoms, profession et demeure*), reconnais avoir reçu par les mains de M^e . . . . , Notaire à . . . . . . de M. (*mettre ici les nom, prénoms et demeure du débiteur*), la somme de . : . pour une année d'intérêt, échue le (*la date*), d'un capital de (*mettre en toutes lettres la somme prêtée*), qu'il me doit suivant acte d'obligation passé devant ledit M^e . . . . , le (*la date de la passation de l'acte*), dont Quittance sans aucune autre réserve que pour l'année courante:

Fait à . . . . ce . . . . . (*La date en toutes lettres.*)

Suit la signature.

Modèle d'un acte de vente.

Entre les soussignés :

M. A... (*nom, prénoms, profession et demeure.*)

Et M. B... (*Idem, comme pour le précédent.*)

Ont fait et arrêté ce qui suit :

M. A . . . a, par cet acte, vendu, sous les plus amples garanties de fait et de droit,

A M. B. . . . ce acceptant.

(*Mettre ici la désignation de l'immeuble ou des immeubles qui font l'objet de l'acte ; si c'est une pièce de terre, on doit faire connaître l'endroit où elle est située, son nom, sa contenance approximative et ses abornements.*)

Tel que cet immeuble (*ou ces immeubles*) se poursuit et comporte sans aucune exception ni réserve et sans garantie de la mesure sus indiquée ; la différence en plus ou en moins viendrait-elle excéder un vingtième, vertira au profit ou à la perte de l'acquéreur.

Si c'est une maison, mettez à la place de cette dernière phrase :

Telle que ladite maison se poursuit et comporte sans en rien excepter ni réserver, avec tous les droits de vues, issues et mitoyennetés qui peuvent y être attachés.

ÉTABLISSEMENT DE PROPRIÉTÉ.

M. A... est propriétaire de cet immeuble pour l'avoir acquis de (*ou pour l'avoir re-*

cueilli dans la succession de. . . . . . dont il était héritier pour. . . . .).

(*Il est très-essentiel de stipuler ici de quelle manière l'on est propriétaire de l'objet que l'on vend et de faire remonter, autant qu'il est possible, l'établissement de la propriété même au-delà de trente ans.*)

ENTRÉE EN JOUISSANCE.

M. B. . . . . . . est mis à partir de (*désigner l'époque de l'entrée en jouissance*) ce our en propriété et jouissance réelle de l'objet à lui vendu.

PRIX.

Cette vente a eu lieu, outre les charges de droit, du nombre desquelles le paiement des impôts, à partir de l'entrée en jouissance, moyennant la somme de (*mettre le prix et de quelle manière il est payé.*)

DÉCLARATION.

M. A. . . . . . déclare que l'immeuble par lui présentement vendu n'est grevé d'aucune hypothèque conventionnelle, judiciaire ou légale. . . . .

(S'ils le sont, le vendeur doit en faire la déclaration.)

Fait double, entre les parties, à. . . . . .

(Suivent les signatures.)

FIN DES MODÈLES D'ACTES SOUS SIGNATURES PRIVÉES.

DU MARIAGE.

Qualités et conditions requises pour contracter mariage.

L'homme, avant *dix-huit ans* révolus, la femme, avant *quinze*, ne peuvent contracter Mariage. Cependant les dispenses d'âge sont accordées par le Gouvernement dans des circonstances graves.

Le Mariage, quels que soient les contractants, mineurs ou majeurs, suppose leur consentement : or, point de consentement proprement dit sans liberté ; et cette faculté qui est requise dans tous les contrats, doit surtout être parfaite et entière dans le Mariage.

Dans aucune législation, les enfants, à l'âge des passions, où ils ne peuvent encore se conduire ni se gouverner, n'ont été abandonnés à eux-mêmes pour l'acte le plus important de leur vie. Aussi, notre Code civil requiert-il le consentement des pères et des mères pour les fils qui n'ont pas l'âge de vingt-cinq ans, et pour les filles qui n'ont pas atteint leur vingt-unième année. La nécessité de ce consentement est fondée sur l'amour des parents, sur leur raison et sur l'incertitude de celle de leurs enfants.

En cas de dissentiment entre le père et la mère, le consentement du père suffit; la prééminence du sexe devait lui faire accorder la prépondérance. Si l'un des deux est mort, ou s'il se trouve dans l'imposibilité de manifester sa volonté, le consentement de l'autre est suffisant. Si les père et mère sont décédés, ils sont remplacés par les aïeuls, et les aïeulles des deux lignes paternelle et maternelle; en cas de partage entre les deux lignes, ce partage vaut consentement. S'il n'y a ni père, ni mère, ni aïeuls, ni aïeules, c'est au conseil de famille que l'enfant doit s'adresser; mais, dans ce cas, les fils n'y sont soumis, comme les filles, que jusqu'à l'âge de vingt-un ans.

Arrivés à la majorité que nous venons de fixer, c'est-à-dire les garcons à *vingt-cinq ans* et les filles à *vingt-un*, le consentement des père et mère ou ascendants n'est plus indispensable pour la validité du Mariage. Cependant, comme l'enfant doit toujours honneur et respect à ses ascendants, la loi veut que, s'ils n'approuvent pas le mariage, il requière leur consentement par des actes respectueux; mais il n'en est pas exigé à l'égard du conseil de famille. Depuis l'âge de vingt-cinq ans jusqu'à trente pour les fils, et depuis l'âge de vingt-un jusqu'à vingt-cinq pour les filles, le premier acte respectueux, sur lequel il n'y aurait pas consentement au Mariage, doit être renouvelé deux autres fois de mois en mois; et, un mois après le troisième acte, il peut être passé outre à la célébration du mariage. En cas d'absence de l'ascendant auquel eût dû être fait l'acte respectueux, il en est justifié par le jugement de déclaration d'absence ou par celui qui aurait ordonné l'enquête, ou, si elle n'a pas encore été ordonnée, par un acte de notoriété, délivré par le Juge de paix du lieu où l'ascendant a eu son dernier domicile connu, sur la déclaration de quatre témoins appelés dans l'affaire.

Après l'âge de trente ans pour les fils et de vingt-cinq pour les filles, il suffit d'un seul acte respectueux pour que le Mariage soit valablement célébré. Le ministère des Huissiers n'est pas employé pour la notification des actes respectueux; elle est faite par deux Notaires, ou un seul Notaire accompagné de deux Témoins.

Tout ce qui précède, relativement au consentement et aux actes respectueux, s'applique aux enfants naturels reconnus.

Quant à l'enfant naturel qui n'a point été reconnu, et celui qui, après l'avoir été, a perdu ses père et mère, ou dont les père et mère ne peuvent manifester leur volonté, il ne peut, avant l'âge de vingt-un ans révolus, se marier qu'après avoir obtenu le consentement d'un tuteur spécial.

Dans tous les temps, le Mariage a été prohibé en ligne directe entre tous les ascendants et descendants légitimes et naturels et les alliés dans la même ligne. Souvent inconciliable avec les lois physiques de la nature, l'inceste l'est toujours avec les lois de la pudeur. L'horreur de l'inceste du frère avec la sœur dérive du principe de l'honnêteté publique; aussi le mariage est-il prohibé entre eux.

Quant au Mariage entre beaux-frères et belles-sœurs, entre l'oncle et la nièce, la tante et le neveu, ils peuvent avoir lieu, avec dispense du Gouvernement, qui ne les accorde que pour des causes graves, et après l'accomplissement des mêmes formalités que pour les dispenses d'âge.

Une dernière condition, requise pour la validité du Mariage, est la publicité devant l'officier de l'état civil du domicile de l'une des parties; il importe en effet à la société que le consentement des époux intervienne dans une forme solennelle et régulière. La publicité du Mariage consiste dans sa célébration en la maison commune et après les publications requises; enfin, on ne peut contracter un second mariage, tant qu'il en existe un premier, sous peine d'être puni des travaux forcés à temps.

Droits et devoirs respectifs des Epoux.

Les époux se doivent mutuellement fidélité, secours et assistance; le mari doit protection à sa femme, et la femme doit obéissance à son mari.

Toute infraction au devoir de la fidélité est aussi coupable chez l'homme que chez la femme; mais l'infidélité de cette dernière suppose plus de corruption et a des effets plus dangereux, puisqu'elle peut introduire dans la famille des enfants étrangers, et leur faire attribuer des droits qui n'appartiennent qu'aux enfants légitimes; aussi l'homme est toujours jugé moins sévèrement que la femme.

La femme ne peut avoir d'autre domicile que celui de son mari ; elle est obligée d'habiter avec lui et de le suivre partout où il juge à propos de résider. En cas de refus de la part de celle-ci, le mari a le droit de lui faire réintégrer le domicile conjugal, en lui refusant des aliments et en faisant saisir ses revenus.

De son côté, le mari est tenu de recevoir sa femme et de lui fournir tout ce qui est nécessaire pour les besoins de la vie, selon ses facultés et son état.

La femme ne peut contracter, aliéner, hypothéquer, acquérir, à titre gratuit ou onéreux, sans l'autorisation de son mari ; les actes faits par elle sans le concours de celui-ci sont nuls.

Le mariage se dissout par la mort de l'un des époux ou par sa condamnation, devenue définitive à une peine emportant mort civile.

Le divorce n'est plus une cause de dissolution du mariage depuis qu'il a été aboli par la loi du 8 mai 1816.

Dans le courant de juin 1848, M. Crémieux, alors ministre de la justice, proposa à l'Assemblée nationale constituante un nouveau projet de loi tendant à rétablir le divorce, mais il fut rejeté à une immense majorité.

De la séparation de Corps.

Le mariage est l'acte le plus solennel de la vie; c'est la société de l'homme et de la femme qui s'unissent pour perpétuer leur espèce, pour s'aider par des secours mutuels à supporter le poids de la vie et pour partager leur commune destinée.

De tous les contrats, c'est celui dans lequel on doit le plus vivement désirer l'intention et le vœu de la perpétuité de la part de ceux qui contractent; c'est une union indissoluble qui ne peut se briser par la seule volonté des parties, parce qu'elle crée des rapports entre deux familles, et que la société elle-même se trouve intéressée à conserver une famille nouvelle qui peut devenir la tige de plusieurs autres familles. Cependant, il faut reconnaître que la perversité et la corruption des mœurs ont souvent produit des excès tels que le législateur s'est vu forcé de permettre la séparation des époux.

A la différence du divorce, la Séparation

de Corps laisse encore subsister la loi conjugale. Il est donc permis aux époux séparés de se rapprocher, de se réunir.

La Séparation de Corps emporte toujours la Séparation de Biens.

Ainsi, toute demande en Séparation de Corps doit être fondée sur l'une des causes suivantes :

1° *L'adultère ;*

2° *Les excès, sévices ou injures graves ;*

Et 3° la condamnation de l'un des époux à une peine infamante, c'est-à-dire la condamnation de l'un ou de l'autre à la peine des travaux forcés ou de la réclusion.

EXTRAIT DE LA LOI

SUR

L'Administration Municipale.

(13 juillet 1837.)

TITRE Ier.

DES RÉUNIONS, DIVISIONS ET FORMATION DES COMMUNES.

ARTICLE 1er.

Aucune réunion, division ou formation de commune ne pourra avoir lieu que conformément aux règles ci-après.

ART. 2.

Toutes les fois qu'il s'agira de réunir plusieurs communes en une seule, ou de distraire une section d'une commune, soit pour la réunir à une autre, soit pour l'ériger en commune séparée, le Préfet prescrira préalablement, dans les communes intéressées, une enquête, tant sur le projet en lui-même que sur ses conditions.

Les conseils municipaux, assistés des plus imposés en nombre égal à celui de leurs membres, les Conseils d'arrondissements et le Conseil général donneront leur avis.

ART. 3.

Si le projet concerne une section de commune, il sera créé pour cette section une commission syndicale. Un arrêté du Préfet déterminera le nombre des membres de la commission.

Ils seront élus par les Électeurs municipaux domiciliés dans la section, et si le nombre des Électeurs n'est pas double de celui des Membres à élire, la commission sera composée des plus imposés de la section.

La commission nommera son Président. Elle sera chargée de donner son avis sur le projet.

ART. 4.

Les réunions et distractions de communes qui modifieront la composition d'un département, d'un arrondissement ou d'un canton ne pourront être prononcées que par une loi.

Toutes autres réunions et distractions de communes pourront être prononcées par ordonnance du Roi, en cas de consentement des Conseils municipaux délibérant avec les plus imposés, conformément à l'article 2 ci-dessus, et, à défaut de ce consentement, pour les communes qui n'ont pas trois cents habitants, sur l'avis affirmatif du Conseil général du département.

Dans les autres cas, il ne pourra être statué que par une loi.

ART. 5.

Les habitants de la commune réunis à une autre commune conserveront la jouissance exclusive des biens dont les fruits étaient perçus en nature.

Les édifices et autres immeubles servant à usage public, deviendront propriété de la commune à laquelle sera faite la réunion.

ART. 6.

La section de commune érigée en commune séparée ou réunie à une autre commune emportera la propriété des biens qui lui appartenaient exclusivement.

Les édifices et autres immeubles servant à usage public, et situés sur son territoire, deviendront propriété de la nouvelle commune ou de la commune à laquelle sera faite la réunion.

Art. 7.

Les autres conditions de la réunion ou de la distraction seront fixées par l'acte qui la prononcera. Lorsqu'elle sera prononcée par une loi, cette fixation pourra être renvoyée à une ordonnance royale ultérieure, sauf réserve, dans tous les cas, de toutes les questions de propriété.

Art. 8.

Dans tous les cas de réunion ou fractionnement de communes, les Conseils municipaux seront dissous; il sera procédé immédiatement à des élections nouvelles.

TITRE II.

DES ATTRIBUTIONS DES MAIRES.

Art. 9.

Le Maire est chargé, sous l'autorité de l'Administration supérieure :

1° De la publication et de l'exécution des lois et réglements ;

2° Des fonctions spéciales qui lui sont attribuées par les lois.

3° De l'exécution des mesures de sûreté générale.

ART. 10.

Le Maire est chargé, sous la surveillance de l'Administration supérieure :

1° De la police municipale, de la police rurale et de la voirie municipale, et de pourvoir à l'exécution des actes de l'Autorité supérieure qui y sont relatifs ;

2° De la conservation et de l'administration des propriétés de la commune, et de faire, en conséquence, tous actes conservatoires de ses droits ;

3° De la gestion des revenus, de la surveillance des établissements communaux et de la comptabilité communale ;

4° De la proposition du budget et de l'ordonnancement de dépenses ;

5° De la direction des travaux communaux ;

6° De souscrire les marchés, de passer les baux des biens et les adjudications des travaux communaux, dans les formes établies par les lois et réglements.

7° De souscrire dans les mêmes formes les actes de vente, échange, partage, acceptation de dons ou de legs, acquisition, transaction, lorsque ces actes ont été autorisés conformément à la présente loi;

8° De représenter la commune en justice, soit en demandant, soit en défendant.

ART. 11.

Le Maire prend des arrêtés à l'effet:

1° D'ordonner les mesures locales sur les objets confiés par les lois à sa vigilance ou à son autorité;

2° De publier de nouveau les lois et règlements de police et de rappeler les citoyens à leur observation.

Les arrêtés pris par le Maire sont immédiatement adressés au Sous-Préfet. Le Préfet peut les annuler ou en suspendre l'exécution.

Ceux de ces arrêtés qui portent réglement permanent ne seront exécutoires qu'un mois après la réunion de l'acceptation constatée par les récépissés donnés par le Sous-Préfet.

ART. 12.

Le Maire nomme à tous les emplois communaux pour lesquels la loi ne prescrit pas un mode spécial de nomination. Il suspend et révoque les titulaires de ces emplois.

ART. 13.

Le Maire nomme les gardes-champêtres, sauf l'approbation du conseil municipal. Ils doivent être agréés et commissionnés par le Sous-Préfet; ils peuvent être suspendus par le Maire, mais le Préfet peut seul les révoquer.

Le Maire nomme également les pâtres communs, sauf l'approbation du conseil municipal. Il peut prononcer leur révocation.

ART. 14.

Le Maire est chargé seul de l'administration; mais il peut déléguer une partie de ses fonctions à un ou plusieurs de ses adjoints, et en l'absence de ses adjoints, à ceux des conseillers municipaux qui sont appelés à en faire les fonctions.

ART. 15.

Dans le cas où le Maire refuserait ou négligerait de faire un des actes qui lui sont prescrits par la loi, le Préfet, après l'en avoir requis, pourra y procéder d'office par lui-même ou par un délégué spécial.

ART. 16.

Lorsque le Maire procède à une adjudication publique pour le compte de la commune, il est assisté de deux membres du Conseil municipal, désignés d'avance par le Conseil, ou à défaut, appelés dans l'ordre du tableau.

Le receveur municipal est appelé à toutes les adjudications.

Toutes les difficultés qui peuvent s'élever sur les opérations préparatoires de l'adjudication sont résolues, séance tenante, par le Maire et les deux conseillers assistants, à la majorité des voix, sauf le recours de droit.

Des Attributions des Conseils municipaux.

ART. 17.

Les Conseils municipaux règlent, par leurs délibérations, les objets suivants:

1° Le mode d'administration des biens communaux;

2° Les conditions des baux à ferme ou à loyer dont la durée n'excède pas dix-huit ans pour les biens ruraux, et neuf ans pour les autres biens;

3° Le mode de jouissance et la répartition

des pâturages et fruits communaux autres que les bois, ainsi que les conditions à imposer aux parties prenantes;

4° Les affouages, en se conformant aux lois forestières.

ART. 18.

Expédition de toute délibération sur un des objets énoncés en l'article précédent est immédiatement adressée par le Maire au Sous-Préfet qui en délivre ou fait délivrer récépissé. La délibération est exécutoire, si, dans les trente jours qui suivent la date du récépissé, le Préfet ne l'a pas annulée, soit d'office pour violation d'une disposition de loi ou d'un règlement d'administration publique, soit sur la réclamation de toute partie intéressée.

Toutefois, le Préfet peut suspendre l'exécution de la délibération pendant un autre délai de trente jours.

ART. 19.

Le Conseil municipal délibère sur les objets suivants:

1° Le budget de la commune, et, en général, toutes les recettes et dépenses, soit ordinaires, soit extraordinaires;

2° Les tarifs et règlements de perception de tous les revenus communaux;

3° Les acquisitions, aliénations et échanges des propriétés communales, leur affectation aux différents services publics, et, en général, tout ce qui intéresse leur conservation et leur amélioration;

4° La délimitation ou le partage des biens indivis entre deux ou plusieurs communes ou sections de commune;

5° Les conditions des baux à ferme ou à loyer, dont la durée excède dix-huit ans, pour les biens ruraux, et neuf ans pour les autres biens, ainsi que celles des baux des biens pris à loyer par la commune quelle qu'en soit la durée;

6° Les projets de constructions, de grosses réparations et de démolitions, et, en général, tous les travaux à entreprendre;

7° L'ouverture de rues et places publiques et les projets d'alignement de voirie municipale;

8° Le parcours et la vaine pâture;

9° L'acceptation des dons et legs faits à la commune et aux établissements communaux;

10° Les actions judiciaires et transactions;

Et tous les autres objets sur lesquels les lois et réglements appellent les Conseils municipaux à délibérer.

ART. 20.

Les délibérations des Conseils municipaux sur les objets énoncés à l'article précédent sont adressées au Sous-Préfet.

Elles sont exécutoires sur l'approbation du Préfet, sauf les cas où l'approbation par le Ministre compétent, ou par ordonnance royale, est prescrite par les lois ou par les réglements d'administration publique.

ART. 21.

Le Conseil municipal est toujours appelé à donner son avis sur les objets suivants :

1° Les circonscriptions relatives au Culte;

2° Les circonscriptions relatives à la distribution des secours publics;

3° Les projets d'alignement de grande voirie dans l'intérieur des villes, bourgs et villages;

4° L'acceptation des dons et legs faits aux établissements de charité et de bienfaisance;

5° Les autorisations d'emprunter, d'acquérir, d'aliéner, d'échanger, de plaider ou de transiger, demandées par les mêmes établissements, et par les fabriques des Eglises et autres administrations préposées à l'entretien des Cultes, dont les ministres sont salariés par l'Etat;

6° Les budgets et les comptes des établissements de charité et de bienfaisance;

7° Les budgets et les comptes des fabriques et autres administrations préposées à l'entretien des Cultes, dont les ministres sont salariés par l'Etat, lorsqu'elles reçoivent des secours sur les fonds communaux;

8° Enfin, tous les objets sur lesquels les Conseils municipaux sont appelés par les lois et réglements à donner leur avis ou seront consultés par le Préfet.

Art. 22.

Le Conseil municipal réclame, s'il y a lieu, contre le contingent assigné à la commune dans l'établissement des impôts de répartition.

Art. 23.

Le Conseil municipal délibère sur les comptes présentés annuellement par le Maire.

Il entend, débat et arrête les comptes de deniers des Receveurs, sauf réglement définitif.

ART. 24.

Le Conseil municipal peut exprimer son vœu sur tous les objets d'intérêt local.

Il ne peut faire, ni publier aucune protestation, proclamation ou adresse.

ART. 25.

Dans les séances où les comptes d'administration du Maire sont débattus, le Conseil municipal désigne au scrutin celui de ses membres qui exerce la présidence.

Le Maire peut assister à la délibération; il doit se retirer au moment où le Conseil municipal va émettre son vote. Le président adresse directement la délibération au Sous-préfet.

ART. 26.

Lorsque, après deux convocations successives faites par le Maire, à huit jours d'intervalle et dûment constatées, les membres du Conseil municipal ne se sont pas réunis en nombre suffisant, la délibération prise après la troisième convocation est valable, quel que soit le nombre des membres présents.

ART. 27.

Les délibérations des Conseils municipaux

se prennent à la majorité des voix. En cas de partage, la voix du président est prépondérante.

Art. 28.

Les délibérations sont inscrites par ordre de date, sur un registre coté et paraphé par le Sous-Préfet. Elles seront signées par tous les membres présents à la séance, ou mention sera faite de la cause qui les aura empêchés de signer.

Art. 29.

Les séances des Conseils municipaux ne sont pas publiques; leurs débats ne peuvent être publiés officiellement qu'avec l'approbation de l'autorité supérieure.

Il est voté au scrutin secret toutes les fois que trois des membres présents le réclament.

LOI

CONCERNANT

LES VICES RÉDHIBITOIRES,

Dans les Ventes et Échanges d'Animaux domestiques.

(20 mai 1838.)

Article 1er.

Sont réputés vices rédhibitoires et donneront seuls ouverture à l'action résultant de l'article 1641 du Code civil, dans les ventes ou échanges des animaux domestiques, ci-dessus dénommés, sans distinction des localités où les ventes et échanges auront eu lieu, les maladies ou défauts ci-après, savoir:

Pour le Cheval, l'Ane ou le Mulet.

La fluxion périodique des yeux;
L'épilepsie ou le mal caduc;

La morve;

Le farcin;

Les maladies anciennes de poitrine ou vieilles courbatures;

L'immobilité:

La pousse;

Le cornage chronique;

Le vic sans usure des dents;

Les hernies inguinales intermittentes;

La boiterie intermittente pour cause de vieux mal.

Pour l'espèce Bovine.

La phthisie pulmonaire ou pommelière;

L'épilepsie ou mal caduc;

Les suites de la non-délivrance, Le renversement du vagin ou de l'utérus,	} après le port chez le vendeur

Pour l'espèce Ovine.

La clavelée: cette maladie, reconnue chez un seul animal, entraînera la rédhibition de tout le troupeau.

La rédhibition n'aura lieu que si le troupeau porte la marque du vendeur.

Le sang de rate: cette maladie n'entraînera la rédhibition du troupeau qu'autant que, dans le délai de la garantie, sa perte constatée s'élèvera au quinzième au moins des animaux achetés.

Dans ce dernier cas, la rédhibition n'aura lieu également que si le troupeau porte la marque du vendeur.

ART. 2.

L'action en réduction du prix, autorisée par l'art. 1644 du Code civil, ne pourra être exercée dans les ventes et échanges d'animaux énoncés dans l'art. 1er ci-dessus.

ART. 3.

Le délai pour intenter l'action rédhibitoire, sera, non compris le jour fixe pour la livraison:

De trente jours pour le cas de fluxion périodique des yeux et d'épilepsie ou mal caduc;

De neuf jours pour tous les autres cas.

ART. 4.

Si la livraison de l'animal a été effectuée ou s'il a été conduit, dans les délais ci-dessus, hors du lieu du domicile du vendeur, les délais seront augmentés d'un jour par cinq myriamètres de distance du domicile du vendeur au lieu où l'animal se trouve.

Art. 5.

Dans tous les cas, l'acheteur, à peine d'être non recevable, sera tenu de provoquer dans les délais de l'art. 3, la nomination d'experts chargés de dresser procès-verbal; la requête sera présentée au juge de paix du lieu où se trouvera l'animal.

Ce juge nommera immédiatement, suivant l'exigence des cas, un ou trois experts, qui devront opérer dans le plus bref délai.

Art. 6.

La demande sera dispensée du préliminaire de conciliation, et l'affaire instruite et jugée comme matière sommaire.

Art. 7.

Si, pendant la durée des délais fixés par l'art. 3, l'animal vient à périr, le vendeur ne sera pas tenu de la garantie, à moins que l'acheteur ne prouve que la perte de l'animal provient de l'une des maladies spécifiées dans l'art. 1er.

Art. 8.

Le vendeur sera dispensé de la garantie résultant de la morve et du farcin pour le cheval, l'âne et le mulet, et de la clavelée pour l'espèce ovine, s'il prouve que l'animal, depuis la livraison, a été mis en contact avec des animaux atteints de ces maladies.

La présente loi, discutée, délibérée et adoptée, etc.

FIN.

TABLE.

FIN DE LA TABLE DES MATIÈRES.

CAEN, IMPRIMERIE DE E. POISSON.

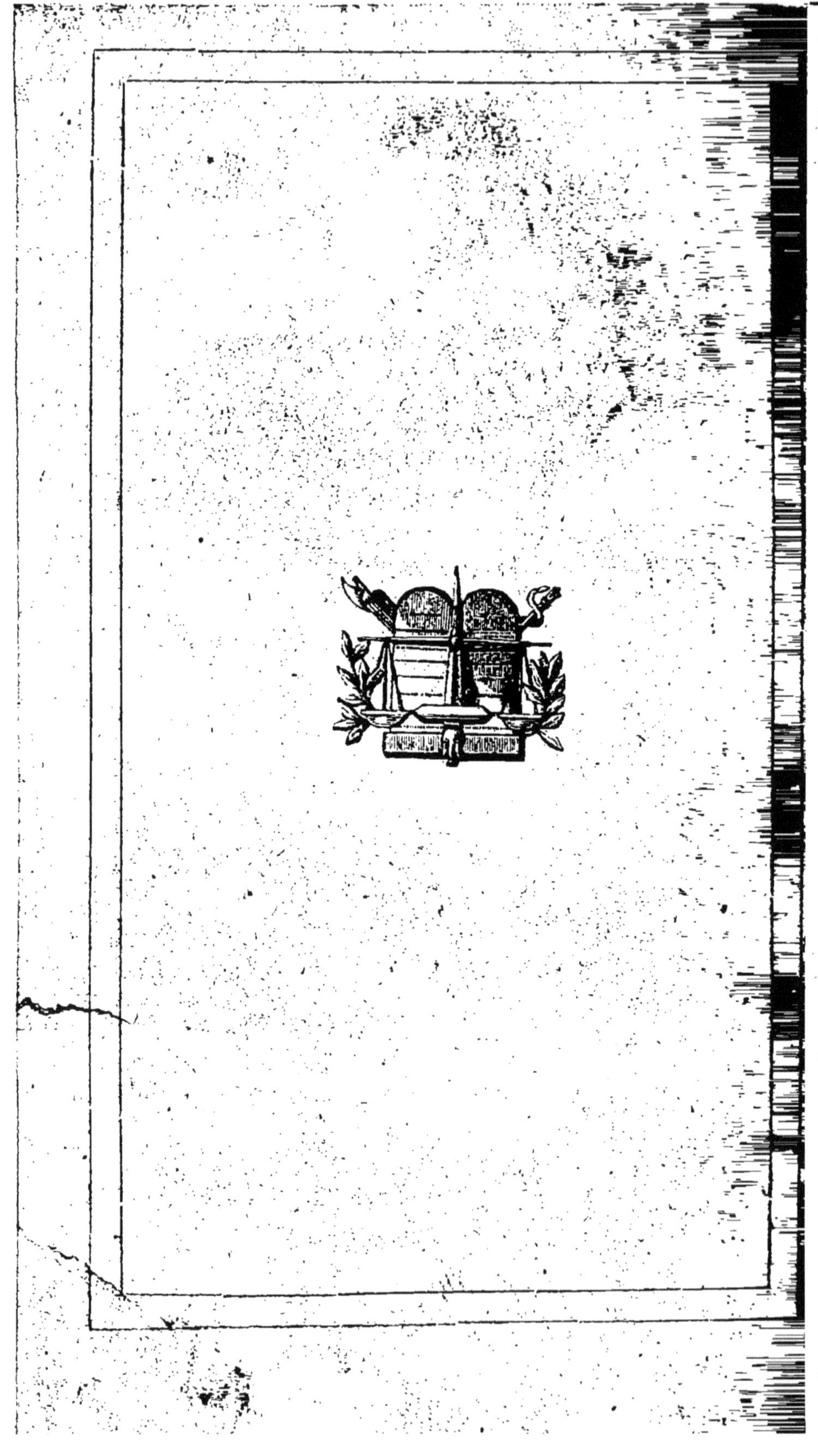

www.ingramcontent.com/pod-product-compliance
Ingram Content Group UK Ltd.
Pitfield, Milton Keynes, MK11 3LW, UK
UKHW012036240726
13965UKWH00003B/824

9 782013 085168